_____의 학습 계획표

	Alphabet UNIT 1	UNIT 2 UNIT 3	UNIT 4 UNIT 5	UNIT 6 UNIT 7	UNIT 8 UNIT 9
1주	__월 __일	__월 __일	__월 __일	__월 __일	__월 __일
	UNIT 10 UNIT 11	UNIT 12 UNIT 13	UNIT 14	UNIT 15	UNIT 16
2주	__월 __일	__월 __일	__월 __일	__월 __일	__월 __일
	UNIT 17	UNIT 18	UNIT 19	UNIT 20	UNIT 21
3주	__월 __일	__월 __일	__월 __일	__월 __일	__월 __일
	UNIT 22	UNIT 23	UNIT 24	UNIT 25	UNIT 26
4주	__월 __일	__월 __일	__월 __일	__월 __일	__월 __일

5주	**UNIT 27** __월__일	**UNIT 28** __월__일	**UNIT 29** __월__일	**UNIT 30** __월__일	**UNIT 31** __월__일
6주	**UNIT 32** __월__일	**UNIT 33** __월__일	**UNIT 34** __월__일	**UNIT 35** __월__일	**UNIT 36** __월__일
7주	**UNIT 37** __월__일	**UNIT 38** __월__일	**UNIT 39** __월__일	**UNIT 40** __월__일	**UNIT 41** __월__일
8주	**UNIT 42** __월__일	**UNIT 43** __월__일	**부록** __월__일		

니콜쌤의 파닉스 스쿨

정휴정(니콜) 지음

길벗스쿨

지은이 정휴정(니콜)

어린이 영어 교육 전문가인 니콜 선생님은 어려운 개념도 알기 쉽게 설명하는 명쾌한 강의 실력으로 큰 사랑을 받아 왔습니다. 특히 파닉스 및 리딩, 스피킹 분야 전문 강사로 활발히 활동하고 있으며, 공교육 기관과 사교육 분야에서 영어 교육자들을 위한 연수 및 워크숍 등을 다수 진행해 오고 있습니다.

주요 약력　중앙대학교 교육대학원 조기영어교육 석사
EBSe, 라디오, 정철영어TV, 야나두주니어, 아이스크림 홈런, YBM, 웅진 등 다양한 채널에서 어린이 영어 교육 프로그램 진행
어린이영어교육연구회 대표 강사로서 영어 교육 프로그램 연구 및 개발에 참여

주요 저서　《파닉스》, 《니콜 선생님과 함께 하는 EBS 쿠킹클래스》, 《I ♥ 카툰 영어(공저)》, 《쫑알이영어 니콜 잉글리시 시리즈, 연두비》

니콜쌤의 파닉스 스쿨
Nicole's Phonics School – English Phonics for Kids

초판 발행 · 2024년 6월 15일
초판 2쇄 발행 · 2024년 7월 19일

지은이 · 정휴정(니콜)
발행인 · 이종원
발행처 · 길벗스쿨
출판사 등록일 · 2006년 7월 1일 | **주소** · 서울시 마포구 월드컵로 10길 56 (서교동)
대표 전화 · 02)332-0931 | **팩스** · 02)323-0586
홈페이지 · www.gilbutschool.co.kr | **이메일** · gilbut@gilbut.co.kr

기획 및 책임 편집 · 최지우(rosa@gilbut.co.kr) | **디자인** · 이현숙 | **제작** · 손일순
영업마케팅 · 문세연, 박선경, 박다슬 | **웹마케팅** · 박달님, 이재윤, 이지수, 나혜연
영업관리 · 정경화 | **독자지원** · 윤정아

전산편집 · 이모개미 | **본문삽화** · 주세영 | **녹음** · YR미디어 | **영상** · FR미디어 | **인쇄 및 제본** · 영림

ISBN 979-11-6406-720-6 64740 (길벗 도서번호 30550)
정가 17,000원

독자의 1초까지 아껴주는 길벗출판사
㈜도서출판 길벗 | IT실용서, IT단행본, 경제실용서, 어학&실용서, 인문교양서, 자녀교육서
www.gilbut.co.kr
길벗스쿨 | 국어학습서, 수학학습서, 유아학습서, 어학학습서, 어린이교양서, 학습단행본
www.gilbutschool.co.kr

길벗스쿨 공식 카페 〈기적의 공부방〉 · cafe.naver.com/gilbutschool
인스타그램 / 카카오플러스친구 · @gilbutschool

제품명 : 니콜쌤의 파닉스 스쿨
제조사명 : 길벗스쿨
제조국명 : 대한민국
전화번호 : 02-332-0931
주소 : 서울시 마포구 월드컵로 10길 56 (서교동)
제조년월 : 판권에 별도 표기
사용연령 : 7세 이상
KC마크는 이 제품이 공통안전기준에 적합하였음을 의미합니다.

영어를 한글처럼 술술 읽고 싶다면?
파닉스, 이렇게 공부하세요!

파닉스, 왜 배우나요?

'파닉스'는 글자와 소리의 관계를 배우는 학습법이에요. 파닉스를 배우면 영어 단어를 쉽게 읽을 수 있기에 영어를 이제 막 시작한 아이들에게 특히 효과적이지요. 영어 단어의 80% 이상은 파닉스 규칙을 따르므로 파닉스를 배우면 더욱 빠르고 수월하게 영어를 읽을 수 있답니다. 《니콜쌤의 파닉스 스쿨》은 '나도 영어를 자신 있게 읽고 싶다!' 하는 학생들을 위한 책이에요. 수업 현장에서 얻은 니콜쌤만의 노하우로 힘들이지 않고 빠르게 알파벳 문자를 읽어내는 법을 익히도록 구성했어요.

파닉스의 핵심은 소리 합치기(blending)!

소리 합치기(blending)는 각 글자가 나타내는 소리를 부드럽게 이어 발음하는 거예요. 파닉스 학습 초반에는 소리를 이어 읽는 연습이 충분히 이루어져야 단어 읽기가 가능해집니다. 어린 학습자들은 개별 글자의 소릿값을 알더라도 단어 단위로 읽어내는 것을 특히 어려워 하지요. 소리 합치기(blending)를 하며 단어 읽는 법을 익혀 두면 짧은 단어부터 긴 단어는 물론 처음 보는 단어도 자신 있게 읽을 수 있습니다.

소리 내어 읽는 연습이 필수!

파닉스로 단어를 어떻게 읽는지 배웠다면 그 다음엔 문장 단위에서 소리 내어 읽는 연습이 반드시 필요합니다. 파닉스 규칙을 한 번 익혔다고 영어책을 술술 읽게 되지는 않아요. 배운 규칙이 적용된 단어를 문장 안에서 소리 내어 읽는 연습을 해야만 그 과정에서 파닉스 규칙을 더 분명하게 내 것으로 만들 수 있어요. 따라서 파닉스를 마치고 본격 리딩으로 넘어가고 싶다면 이 문장 읽기 연습 단계를 꼭 거쳐야 합니다.

우선 아이들이 문장 읽기 연습을 지루하지 않고 즐겁게 할 수 있도록 흥미로운 스토리 30편을 구성하고 챈트 리딩을 통해 재미있게 반복 연습할 수 있게 했습니다.

《니콜쌤의 파닉스 스쿨》로 소리 규칙을 알고, 단어 읽는 법을 익혀서, 스토리 문장을 소리 내어 읽는 연습까지! 니콜쌤과 함께 영어도 한글처럼 술술 발음하는 읽기 자신감을 완성해 보세요!

저자 **정휴정(니콜)**

이 책의 특징

[니콜쌤의 파닉스 스쿨]

"파닉스를 해도 못 읽는 이유? 단어를 외우고 규칙만 안다고 해서
영어 읽기가 저절로 되진 않아요. 글자의 각 소리를 합쳐 단어 읽는 연습을
충분히 하고 문장 단위로 소리 내서 읽을 줄 알아야 진짜 파닉스가 완성됩니다!
니콜쌤과 함께 한방에 파닉스를 마스터 해요!"

알파벳 소릿값을 **알고**

소리 합치기로 단어 읽는 법을 **익혀서**

스토리 속 단어 읽기 **연습까지**

진짜 읽기가 된다!

---

1 꼭 알아야 할 파닉스 규칙 43가지를 한 권에!

알파벳 소릿값부터 복잡한 모음 소리까지 영어책을 읽는 데 꼭 필요한 파닉스 규칙을 한 권으로 모두 익혀요.

---

2 파닉스의 핵심인 '단어 읽는 법'을 니콜쌤과 함께 연습!

아이들이 어려워하는 큰 산! 소리 합치기(blending)로 단어 읽는 방법을 니콜쌤과 함께 글자 하나하나 제대로 발음하며 완전하게 소화해요.

---

3 파닉스 음가를 훈련하는 흥미로운 스토리 30편!

문장 읽기 연습으로 파닉스 음가가 입에 밸 수 있도록 파닉스 스토리를 니콜쌤과 함께 한 번, 원어민 선생님의 챈트 리딩으로 또 한 번 연습해요.

---

4 알파벳 챈트, 문장 챈트로 즐거운 파닉스 학습!

아이들이 스트레스 없이 자연스럽게 파닉스를 익힐 수 있도록 리드미컬한 챈트를 큰 소리로 따라 발음하며 학습해요.

구성과 학습법

학습 구성 안내

PART 1 | 알파벳 26글자 소리 알기
Aa부터 Zz까지 각 알파벳 글자의 대표 소리를 배워요.

PART 2 | 모음이 하나인 단어 읽기
단모음을 배워요. 소리 합치기(blending)를 이용하여 '모음+자음'으로 이루어진 글자 덩어리를 읽어요. 문장 속 CVC 단어들을 바르게 읽을 수 있어요.

PART 3 | 자음이 두 개인 단어 읽기
소리 합치기(blending)로 발음하는 이중 자음과 두 자음이 새로운 소리를 내는 자음 이중 음자를 배워요. 문장 속 CVCC, CCVC, CCVCC 단어들을 바르게 읽을 수 있어요.

PART 4 | 모음의 새로운 소리 알기
장모음을 배워요. 문장 속 CVCe, CCVCe 등의 단어들을 바르게 읽을 수 있어요.

PART 5 | 모음이 두 개인 단어 & 모음과 r이 만난 단어 읽기
이중 모음, 모음 이중 음자, r-컨트롤 모음을 배워요. '모음 + 모음', '모음+r'이 들어간 단어들을 바르게 읽을 수 있어요.

PART 1 알파벳 26글자 소리 익히기

알파벳 글자 소리 TIP
각 알파벳 글자의 이름과 소리를 구분하고 발음할 때 주의할 점을 한눈에 볼 수 있어요.

QR 코드 찍어 학습하기
매 유닛을 공부하는 데 필요한 강의 영상과 원어민 MP3 음원을 확인해요.

STEP 1 소리 익히기
알파벳 글자의 소릿값과 단어를 듣고 발음해요. 각 대표 소리가 단어 속에서 어떻게 발음되는지 듣고 따라 익혀요.

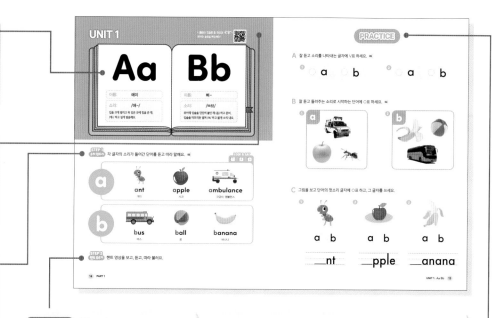

STEP 2 챈트 부르기
영상 속 니콜쌤과 함께 챈트를 신나게 따라 불러요. 배운 소리와 단어를 복습하며 발음을 익혀요.

PRACTICE
연습 문제를 단계적으로 구성하여 각 알파벳 글자의 소리와 단어 속 소리를 인지하고 단어 뜻과 글자를 연결해서 이해하는지 확인해요.

* 본 책에서는 이해를 돕기 위해 한글 발음 표기를 실었습니다. 학습에 참고해 주시고 정확한 발음은 니콜쌤의 영상과 원어민 음원을 활용하여 익혀 주세요.

STEP 1 소리 익히기

각 글자들이 만나 어떤 소리를 내는지 쉽게 이해하고 따라 발음해요.

STEP 3 스토리 읽기

배운 파닉스 규칙을 연습할 수 있는 스토리를 듣고 따라 읽어요. 문장 읽기를 연습하고 사이트 워드까지 함께 익혀요. 그런 다음, 원어민이 불러주는 스토리 챈트를 따라 정확한 발음과 문장 읽기를 확실하게 복습해요.

STEP 2 단어 읽기

배운 소리가 들어간 단어를 듣고 따라 발음해요. 원어민 음원을 들으며 각 글자의 소리를 합쳐 발음하는 연습을 통해 단어를 더욱 수월하게 읽을 수 있어요.

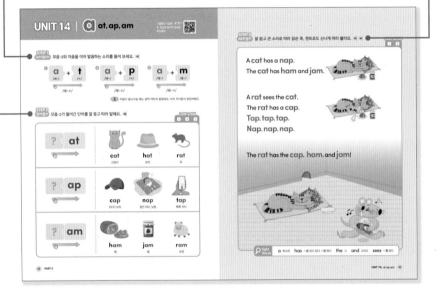

PRACTICE

다양한 연습 문제를 단계적으로 구성하여 배운 소리와 글자를 연결하고, 글자를 연결해 단어를 만들고, 문장 속에 쓰인 단어 뜻을 잘 알고 있는지 확인해요.

니콜쌤과 함께 공부하기

①

②

- 니콜쌤이 친절하게 알려주는 영상을 보며 소릿값을 배우고 단어 읽는 법을 익혀요.

- 배운 파닉스 규칙이 적용된 단어를 듣고 한 번은 니콜쌤과 함께 따라 읽고 또 한 번은 스스로 읽는 연습을 해요.

- 배운 파닉스 단어가 들어간 스토리를 듣고 니콜쌤의 가이드에 따라 소리 내어 함께 읽어요.

- 책으로 돌아와 원어민의 스토리 챈트를 들으며 스스로 한 문장씩 따라 읽어요.

- 책에 있는 다양한 문제를 풀며 배운 내용을 꼼꼼하게 확인하고 복습해요.

부가 학습 자료

권말 부록

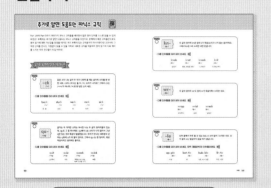

추가로 알면 도움되는 파닉스 규칙

온라인 워크시트

알파벳 따라쓰기

단어 따라쓰기

길벗스쿨 e클래스

길벗스쿨 e클래스(eclass.gilbut.co.kr)에서 수업 영상 보기와 MP3 음원 바로 듣기가 가능하며 부가학습자료를 다운받아 이용하실 수 있습니다.

온라인 자료 구성

❶ 수업 영상 ❷ MP3 파일 ❸ 워크시트 2종 (알파벳 따라쓰기, 단어 따라쓰기)

온라인 자료

차례

Alphabet

알파벳(Alphabet)이란 말소리를 표현하는 글자예요. 영어 알파벳 글자는 26개예요. 각각 A와 a, B와 b, 이렇게 글자마다 대문자(큰 글자)와 소문자(작은 글자)로 짝을 이루어요. 대문자와 소문자는 같은 이름으로 불리고 같은 소리를 나타내요.

• 알파벳 각 글자의 이름을 듣고 따라해 보세요. 01

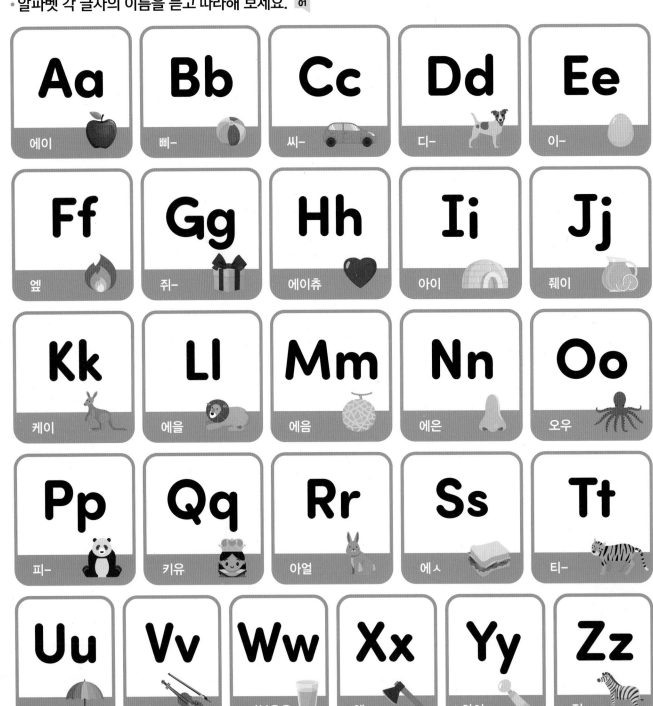

Aa 에이	Bb 삐-	Cc 씨-	Dd 디-	Ee 이-
Ff 엪	Gg 쥐-	Hh 에이츄	Ii 아이	Jj 줴이
Kk 케이	Ll 에을	Mm 에음	Nn 에은	Oo 오우
Pp 피-	Qq 키유	Rr 아얼	Ss 에스	Tt 티-
Uu 유우	Vv 븨-	Ww 더블유우	Xx 엑스	Yy 와이	Zz 즤-

스스로 CHECK!
옆에 모두 체크했다면
PART1으로 넘어가세요!

☐ 알파벳 26 글자의 이름을 모두 알고 있어요!
☐ 각 글자의 대문자와 소문자를 구분할 수 있어요!
☐ 각 글자의 대문자와 소문자를 모두 쓸 수 있어요!

대문자와 소문자는 쓰임이 달라요. 대부분의 글은 소문자로 쓰지만, 문장을 시작하는 첫 글자,
이름의 첫 글자는 대문자로 쓰는 규칙이 있어요. 어떤 단어를 강조하고 싶을 때 단어 전체를 대
문자로 쓰기도 해요. 이제 대문자와 소문자를 손으로 쓰면서 익혀 봅시다!

• 알파벳 대문자를 따라 써 보세요.

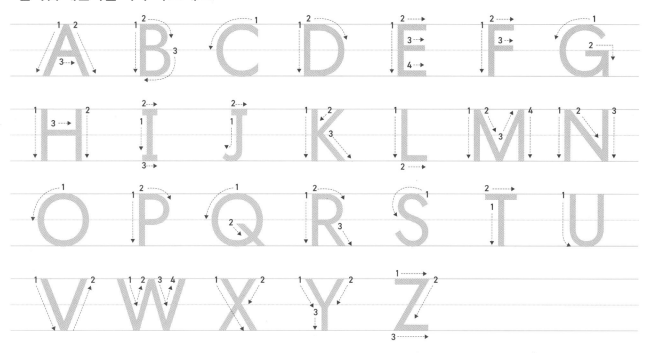

• 알파벳 소문자를 따라 써 보세요.

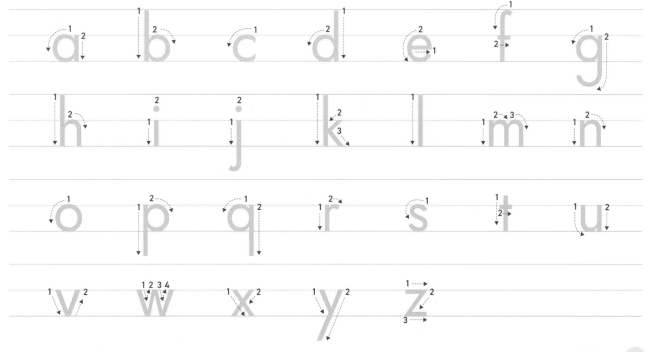

PART 1

알파벳 26글자 소리 알기

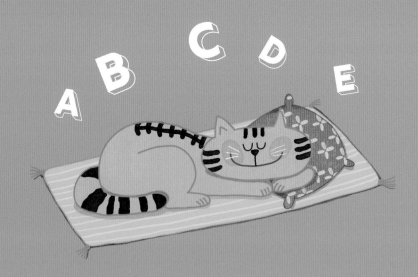

Alphabet 차트에서 보았듯이 영어 알파벳 글자는 총 26글자예요. 각 글자는 큰 글자인 대문자와 작은 글자인 소문자로 짝을 이루어 같은 이름으로 불리고 같은 소리를 내요.

Part 1에서는 Aa부터 Zz까지 각 글자의 대표 소리를 배울 거예요. 영어 단어를 읽으려면 단어에 쓰인 각 글자 소리부터 알아야 읽을 수 있어요. 단어 속 알파벳 대표 소리가 잘 들리도록 주변에서 자주 볼 수 있는 일상 어휘와 많이 사용하는 외래어를 예시 단어로 넣었어요. 지금부터 영어 알파벳 26글자의 대표 소리와 각 소리가 포함된 단어를 차근차근 익혀 봅시다!

apple

bus

candy

donut

UNIT 1

니콜쌤의 친절한 팁 영상과 원어민 음원을 확인해요!

Aa

이름: 에이

소리: /애-/

입을 크게 벌리고 목 깊은 곳에 힘을 준 채,
/애-/ 하고 길게 발음해요.

Bb

이름: 삐-

소리: /(읍)브/

위아래 입술을 단단히 붙인 채 (읍) 하고 준비,
입술을 터뜨리듯 열며 /브/ 하고 짧게 소리 내요.

STEP 1
소리 익히기 각 글자의 소리가 들어간 단어를 듣고 따라 말해요. 02

LOOK & SAY
1 2 3

 a

ant
개미

apple
사과

ambulance
구급차, 앰뷸런스

 b

bus
버스

ball
공

banana
바나나

STEP 2
챈트 부르기 챈트 영상을 보고, 듣고, 따라 불러요.

A 잘 듣고 소리를 나타내는 글자에 ∨표 하세요. **03**

① ○ a ○ b

② ○ a ○ b

B 잘 듣고 들려주는 소리로 시작하는 단어에 ○표 하세요. **04**

C 그림을 보고 단어의 첫소리 글자에 ○표 하고, 그 글자를 쓰세요.

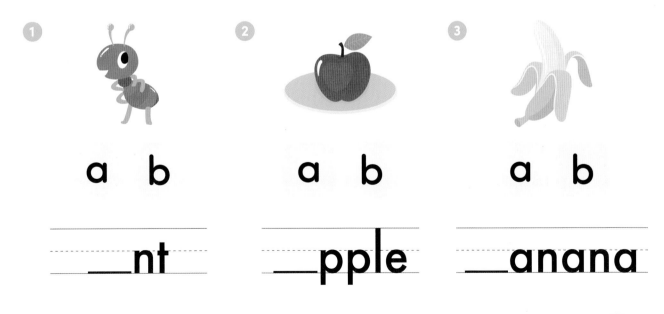

① a b

② a b

③ a b

___nt

___pple

___anana

UNIT 2

Cc

이름:	씨-

소리:	/(윽)ㅋ/

목구멍을 살짝 닫아 (윽) 하고 준비, 목구멍을 열며 소리 없이 바람만 짧게 /ㅋ/ 하고 내보내요.

Dd

이름:	디-

소리:	/(읃)드/

혀를 입천장에 붙인 채 (읃) 하고 준비, 혀를 떨어트리며 터뜨리듯 /드/ 하고 짧게 소리내요.

STEP 1
소리 익히기 각 글자의 소리가 들어간 단어를 듣고 따라 말해요. 05

LOOK & SAY
1 2 3

c

can
캔, 깡통

car
자동차

candy
사탕

d

dad
아빠

door
문

donut
도넛

STEP 2
챈트 부르기 챈트 영상을 보고, 듣고, 따라 불러요.

PRACTICE

A 잘 듣고 소리를 나타내는 글자에 ∨표 하세요. **06**

① ○ c ○ d

② ○ c ○ d

B 잘 듣고 들려주는 소리로 시작하는 단어에 ○표 하세요. **07**

C 그림을 보고 단어의 첫소리 글자에 ○표 하고, 그 글자를 쓰세요.

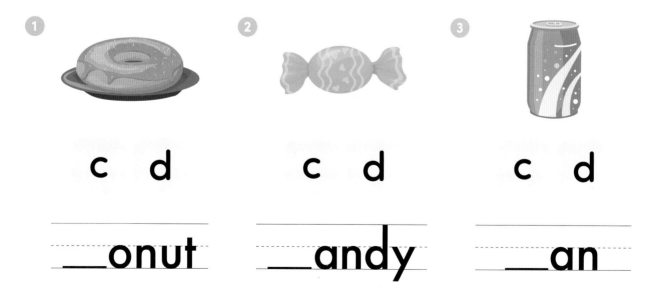

① c d

__onut

② c d

__andy

③ c d

__an

UNIT 3

니콜쌤의 친절한 팁 영상과
원어민 음원을 확인해요!

Ee

이름:	이-

소리:	/에/

입을 살짝만 벌린 채 짧게 /에/ 하고 소리 내요.

Ff

이름:	엪

소리:	/ㅍ-/

윗니를 아랫입술에 대고 바람을 내보내요.

STEP 1
소리 익히기 각 글자의 소리가 들어간 단어를 듣고 따라 말해요. 08

LOOK & SAY
1 2 3

egg
달걀, 알

elf
요정

elephant
코끼리

fire
불

fork
포크

food
음식

STEP 2
챈트 부르기 챈트 영상을 보고, 듣고, 따라 불러요.

PRACTICE

A 잘 듣고 소리를 나타내는 글자에 ∨표 하세요. **09**

1 ○ e ○ f

2 ○ e ○ f

B 잘 듣고 들려주는 소리로 시작하는 단어에 ○표 하세요. **10**

C 그림을 보고 단어의 첫소리 글자에 ○표 하고, 그 글자를 쓰세요.

1 e f

__gg

2 e f

__ood

3 e f

__ire

UNIT 4

Gg

이름: 쥐-

소리: /(윽)그/

목구멍을 살짝 닫아 (윽) 하고 준비, 목구멍을 열며 짧게 /그/ 하고 소리 내요.

Hh

이름: 에이츄

소리: /ㅎ/

입김을 부는 것처럼 목구멍에서 바람만 내보내요.

STEP 1
소리 익히기 각 글자의 소리가 들어간 단어를 듣고 따라 말해요. 🔊 11

LOOK & SAY
[1] [2] [3]

gum
껌

gift
선물

guitar
기타

hair
머리카락

heart
하트

honey
꿀

STEP 2
챈트 부르기 챈트 영상을 보고, 듣고, 따라 불러요.

A 잘 듣고 소리를 나타내는 글자에 V표 하세요. 12

1. ○ **g**   ○ **h**
2. ○ **g**   ○ **h**

B 잘 듣고 들려주는 소리로 시작하는 단어에 ○표 하세요. 13

C 그림을 보고 단어의 첫소리 글자에 ○표 하고, 그 글자를 쓰세요.

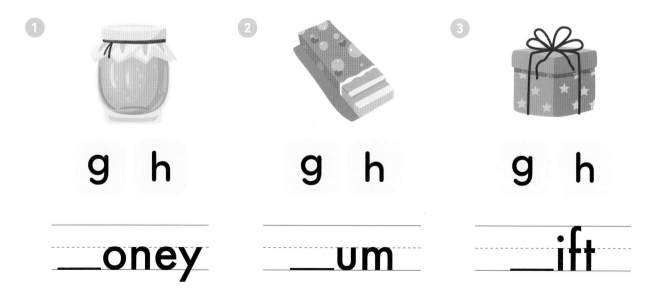

1. g h

　　__oney

2. g h

　　__um

3. g h

　　__ift

UNIT 5

Ii

이름: **아이**

소리: **/이/**

입을 살짝만 벌린 채 목구멍에서 짧게 /이/ 하고 소리 내요.

Jj

이름: **쮀이**

소리: **/(읏)쥬/**

입술을 앞으로 내밀고 (읏) 하고 준비, 혀를 떨어트리며 /쥬/ 소리를 내요.

STEP 1
소리 익히기 각 글자의 소리가 들어간 단어를 듣고 따라 말해요. **14**

LOOK & SAY
1 2 3

ink
잉크

igloo
이글루

iguana
이구아나

jump
점프하다

jelly
젤리

juice
주스

STEP 2
챈트 부르기 챈트 영상을 보고, 듣고, 따라 불러요.

A 잘 듣고 소리를 나타내는 글자에 ∨표 하세요. 15

1 ○ i ○ j

2 ○ i ○ j

B 잘 듣고 들려주는 소리로 시작하는 단어에 ○표 하세요. 16

C 그림에 맞는 단어에 연결하고 첫소리 글자를 따라 쓰세요.

1 · · igloo

2 · · jelly

3 · · ink

UNIT 6

니콜쌤의 친절한 팁 영상과
원어민 음원을 확인해요!

Kk

이름: 케이

소리: /(옥)ㅋ/

목구멍을 살짝 닫아 (옥) 하고 준비, 목구멍을
열며 소리 없이 바람만 짧게 /ㅋ/ 하고 내보내요.

Ll

이름: 에을

소리: /을-/

혀끝을 윗니 뿌리 뒤에 댄 채 /을-/ 하고 소리 내요.

STEP 1
소리 익히기 각 글자의 소리가 들어간 단어를 듣고 따라 말해요. 🔊 **17**

LOOK & SAY
1 2 3

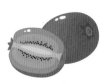
kiwi
키위

ketchup
케첩

kangaroo
캥거루

leg
다리

lion
사자

lemon
레몬

STEP 2
챈트 부르기 챈트 영상을 보고, 듣고, 따라 불러요.

PRACTICE

A 잘 듣고 소리를 나타내는 글자에 ∨표 하세요. `18`

① ○ **k** ○ **l**

② ○ **k** ○ **l**

B 잘 듣고 들려주는 소리로 시작하는 단어에 ○표 하세요. `19`

① **k**

② **l**

C 그림에 맞는 단어에 연결하고 첫소리 글자를 따라 쓰세요.

①

②

③

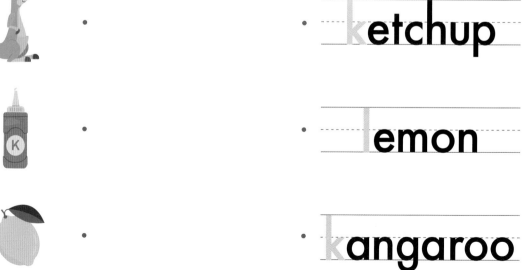

ketchup

lemon

kangaroo

UNIT 7

니콜쌤의 친절한 팁 영상과
원어민 음원을 확인해요!

Mm

이름:	에음

소리:	/음-/

위아래 입술을 붙인 채 /음-/ 하고 콧소리를 내요.

Nn

이름:	에은

소리:	/은-/

입을 살짝만 벌린 채 /은-/ 하고 콧소리를 내요.

STEP 1
소리 익히기 각 글자의 소리가 들어간 단어를 듣고 따라 말해요. 🔊 20

LOOK & SAY
1 2 3

mom
엄마

melon
멜론

money
돈

no
아니, 안 돼

nine
9, 구

nose
코

STEP 2
챈트 부르기 챈트 영상을 보고, 듣고, 따라 불러요.

A 잘 듣고 소리를 나타내는 글자에 ∨표 하세요. [21]

① ○ **m**　　○ **n**

② ○ **m**　　○ **n**

B 잘 듣고 들려주는 소리로 시작하는 단어에 ○표 하세요. [22]

C 그림에 맞는 단어에 연결하고 첫소리 글자를 따라 쓰세요.

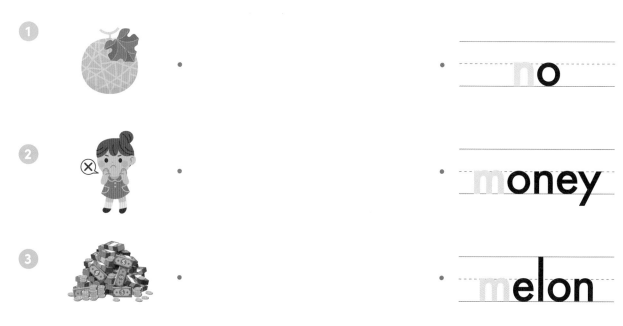

① · · no

② · · money

③ · · melon

UNIT 8

니콜쌤의 친절한 팁 영상과
원어민 음원을 확인해요!

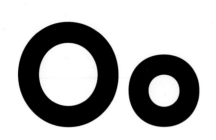

이름:	오우

소리:	/아-/

입을 위아래로 크게 벌린 채 목에 힘을 주고
/아-/ 하고 소리 내요.

이름:	피-

소리:	/(읍)ㅍ/

위아래 입술을 단단히 붙인 채 (읍) 하고 준비,
입술을 터뜨리듯 열며 /ㅍ/ 하고 바람을 내보내요.

STEP 1
소리 익히기 각 글자의 소리가 들어간 단어를 듣고 따라 말해요. 🔊 **23**

LOOK & SAY
[1] [2] [3]

o

olive
올리브

ostrich
타조

octopus
문어

p

panda
판다

piano
피아노

pizza
피자

STEP 2
챈트 부르기 챈트 영상을 보고, 듣고, 따라 불러요.

A 잘 듣고 소리를 나타내는 글자에 ∨표 하세요. **24**

① ○ o   ○ p

② ○ o   ○ p

B 잘 듣고 들려주는 소리로 시작하는 단어에 ○표 하세요. **25**

C 그림에 맞는 단어에 연결하고 첫소리 글자를 따라 쓰세요.

① pizza

② olive

③ panda

UNIT 9

Qq

이름:	키유

소리:	/ㅋ워/

Kk의 바람 소리 /ㅋ/에서 입술을 둥글게 앞으로
내밀며 /워/ 소리로 연결해요.

Rr

이름:	아얼

소리:	/얼-/

입술을 내밀고 입술 양 끝에 힘을 주어 준비, 혀가
입 안에 닿지 않게 살짝 띄워 /얼-/ 소리를 내요.

STEP 1
소리 익히기 각 글자의 소리가 들어간 단어를 듣고 따라 말해요. 🔊 26

LOOK & SAY
1 2 3

q

q와 ㅣ는
거의 항상
붙어 다녀요!

quiz
퀴즈

Shhh...
quiet
조용한

queen
여왕

r

Yo!
rap
랩

robot
로봇

rabbit
토끼

💡 l과 r의 발음 차이: l은 혀를 윗니 뒤에 두고 /을-/ 하고
소리 내고 r은 혀가 이에 닿지 않게 /얼-/ 하고 소리 내요.

STEP 2
챈트 부르기 챈트 영상을 보고, 듣고, 따라 불러요.

A 잘 듣고 소리를 나타내는 글자에 ∨표 하세요. **27**

1 ○ **q**   ○ **r**   **2** ○ **q**   ○ **r**

B 잘 듣고 들려주는 소리로 시작하는 단어에 ○표 하세요. **28**

C 그림을 보고 단어의 첫소리를 나타내는 글자를 쓰세요.

1 _____abbit   **2** _____uiz   **3** _____obot

UNIT 10

Ss

이름:	에ㅅ

소리:	/ㅅ-/

혀를 입천장에 붙인 채 혀와 입천장 사이로 /ㅅ-/ 하고 바람을 내보내요.

Tt

이름:	티-

소리:	/(으)ㅌ/

혀를 입천장에 붙여 (으) 하고 준비, 혀를 떨어 트리며 터뜨리듯 /ㅌ/ 하고 바람을 내보내요.

STEP 1
소리 익히기 각 글자의 소리가 들어간 단어를 듣고 따라 말해요. **29**

LOOK & SAY
1 2 3

s

sandwich
샌드위치

sofa
소파

salad
샐러드

t

tiger
호랑이

tomato
토마토

table
탁자

STEP 2
챈트 부르기 챈트 영상을 보고, 듣고, 따라 불러요.

PRACTICE

A 잘 듣고 소리를 나타내는 글자에 ∨표 하세요. 🔊 30

① ○ s   ○ t   ② ○ s   ○ t

B 잘 듣고 들려주는 소리로 시작하는 단어에 ○표 하세요. 🔊 31

C 그림을 보고 단어의 첫소리를 나타내는 글자를 쓰세요.

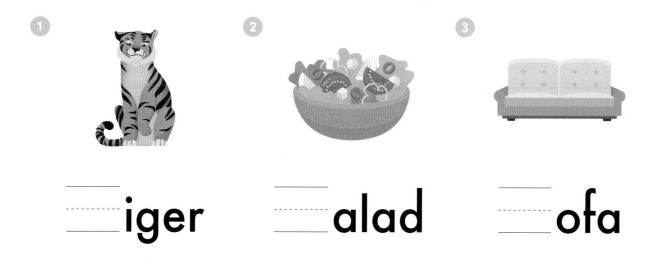

① ___iger   ② ___alad   ③ ___ofa

UNIT 11

Uu

이름: 유우

소리: /어/

입을 살짝만 벌린 채 목구멍에서 짧게 /어/ 하고 소리 내요.

Vv

이름: 븨-

소리: /브-/

윗니를 아랫입술에 대고 진동을 느끼며 /브-/ 하고 소리를 내요.

STEP 1
소리 익히기 각 글자의 소리가 들어간 단어를 듣고 따라 말해요. 🔊 32

LOOK & SAY
1 2 3

u

uncle
삼촌, 아저씨

under
아래에

umbrella
우산

v

vest
조끼

violin
바이올린

volcano
화산

STEP 2
챈트 부르기 챈트 영상을 보고, 듣고, 따라 불러요.

A 잘 듣고 소리를 나타내는 글자에 ∨표 하세요. 33

① ○ **u**   ○ **v**   ② ○ **u**   ○ **v**

B 잘 듣고 들려주는 소리로 시작하는 단어에 ○표 하세요. 34

C 그림을 보고 단어의 첫소리를 나타내는 글자를 쓰세요.

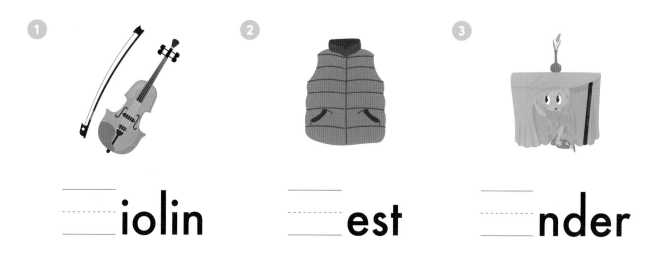

① iolin   ② est   ③ nder

UNIT 12

Ww

이름: 더블유우

소리: /(우)워/

입술을 둥글게 앞으로 내민 채 (우) 하고 준비,
소리를 밀어내듯 강하게 /워/ 소리로 연결해요.

Xx

이름: 엑스

소리: /ㅋㅅ-/

Kk의 바람 소리 /ㅋ/에서 혀와 입천장 사이로
/ㅅ-/ 하고 내보내는 Ss의 소리로 연결해요.

STEP 1
소리 익히기 각 글자의 소리가 들어간 단어를 듣고 따라 말해요. **35**

LOOK & SAY
1 2 3

W

water
물

window
창문

web
거미줄

X

x는 단어의
끝소리로 자주 쓰여요!

ax
도끼

wax
왁스

STEP 2
챈트 부르기 챈트 영상을 보고, 듣고, 따라 불러요.

A 잘 듣고 소리를 나타내는 글자에 ∨표 하세요. 36

1 ○ W ○ X

2 ○ W ○ X

B 잘 듣고 들려주는 소리로 시작하거나 끝나는 단어에 ○표 하세요. 37

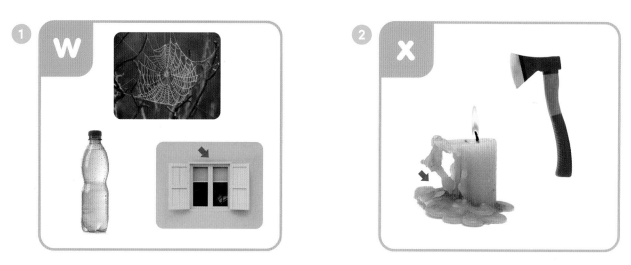

C 그림을 보고 단어의 첫소리나 끝소리를 나타내는 글자를 쓰세요.

1 a___

2 ___ater

3 ___indow

UNIT 13

Yy

이름: 와이

소리: /(이)여/

입을 살짝 벌린 채 (이) 하고 준비, 목에 힘을 주고 짧게 /여/ 소리로 연결해요.

Zz

이름: 즤-

소리: /즈-/

혀를 입천장에 붙인 채 혀와 입천장 사이로 진동을 느끼며 /즈-/ 소리를 내요.

STEP 1 소리 익히기 각 글자의 소리가 들어간 단어를 듣고 따라 말해요. 🔊 38

LOOK & SAY
1 2 3

y

yes
응, 네

yoga
요가

yellow
노란색

z

zero
0, 영

zipper
지퍼

zebra
얼룩말

STEP 2 챈트 부르기 챈트 영상을 보고, 듣고, 따라 불러요.

A 잘 듣고 소리를 나타내는 글자에 ∨표 하세요. 🔊39

1 ○ y ○ z

2 ○ y ○ z

B 잘 듣고 들려주는 소리로 시작하는 단어에 ○표 하세요. 🔊40

C 그림을 보고 단어의 첫소리를 나타내는 글자를 쓰세요.

1 ___ellow

2 ___oga

3 ___ero

PART 2

모음이 하나인 단어 읽기

영어 단어를 읽으려면 소리 합치기(blending)를 알아야 해요. 소리 합치기(blending)란 각 글자가 나타내는 소리를 부드럽게 이어 발음하는 방법이에요. 예를 들어 at는 a의 /애-/ 소리와 t의 /ㅌ/ 소리를 더해 /애-ㅌ/ 하고 발음하는 거예요.

Part 2에서는 소리 합치기(blending)를 사용해서 모음이 하나인 단어들을 읽어 볼 텐데요. 보통 '자음+모음+자음' 순서의 단어에서 모음은 짧게 소리 나서 단모음이라고 불러요. 참고로 모음은 a, e, i, o, u고 나머지 21글자는 자음이니까 하단의 모음 얼굴로 모음 5글자는 꼭 기억해요! 그럼 이제 이 모음들이 단어 속에서 어떻게 소리 나는지 각 글자 소리를 이어 발음하며 읽어 볼까요?

hen

jam

mix

fox

UNIT 14 | a at, ap, am

STEP 1
소리 익히기 모음 a와 자음을 이어 발음하는 소리를 들어 보세요. **41**

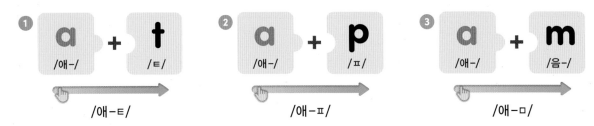

① a /애-/ + t /ㅌ/ → /애-ㅌ/

② a /애-/ + p /ㅍ/ → /애-ㅍ/

③ a /애-/ + m /음-/ → /애-ㅁ/

TIP 자음이 끝소리일 때는 살짝 약하게 발음해요. 마치 우리말의 받침처럼요.

STEP 2
단어 읽기 모음 a가 들어간 단어를 잘 듣고 따라 말해요. **42**

LOOK & SAY
1 2 3

? + at →

cat
고양이

hat
모자

rat
쥐

? + ap →

cap
(야구) 모자

nap
잠깐 자다, 낮잠

tap
톡톡 치다

? + am →

ham
햄

jam
잼

ram
숫양

A **cat** has a **nap**.
The **cat** has **ham** and **jam**.

A **rat** sees the **cat**.
The **rat** has a **cap**.
Tap, tap, tap.
Nap, nap, nap.

The **rat** has the **cap**, **ham**, and **jam**!

Sight Words   a 하나의   has ~을 갖고 있다, ~을 하다   the 그   and 그리고   sees ~를 보다

A 잘 듣고 소리를 나타내는 글자에 ∨표 하세요. 45

1 ○ at ○ ap

2 ○ ap ○ am

B 잘 듣고 첫소리와 끝소리를 연결한 후 알맞은 그림에 ○표 하세요. 46

1 r · / c · · at

2 n · / t · · ap

3 r · / j · · am

C 잘 듣고 알맞은 첫소리와 끝소리를 찾아 단어를 쓰세요. 47

첫소리 b c h r 끝소리 at ap am

1

_____

_____

2

_____

_____

D 다음 단어를 나타내는 맞는 사진에 ○표 하세요.

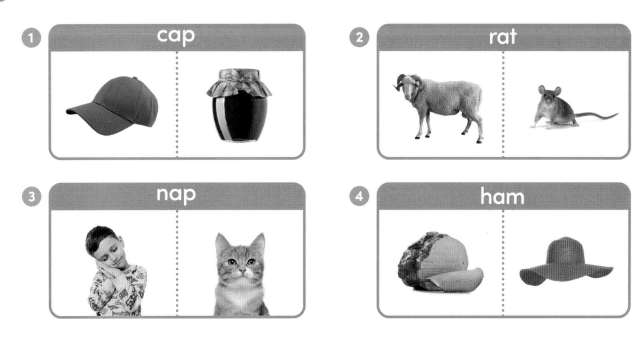

E 그림을 보고 알맞은 단어를 찾아 ○표 한 후 빈칸에 쓰세요.

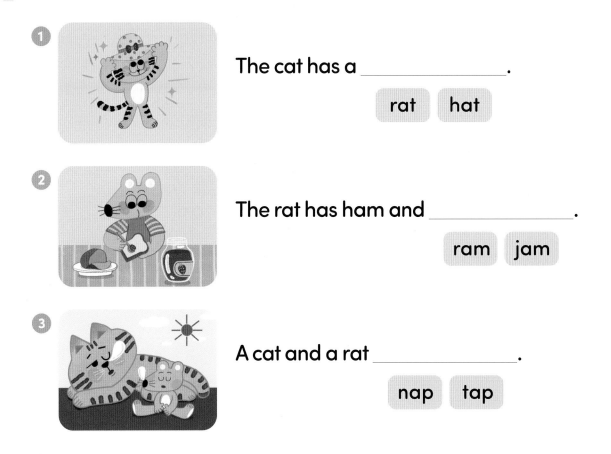

The cat has a _____.

rat   hat

The rat has ham and _____.

ram   jam

A cat and a rat _____.

nap   tap

STEP 1 소리 익히기 모음 a와 자음을 이어 발음하는 소리를 들어 보세요. 🔊48

① **a** /애-/ + **d** /드/
→ /애-ㄷ/

② **a** /애-/ + **n** /은-/
→ /애-ㄴ/

③ **a** /애-/ + **g** /그/
→ /애-ㄱ/

STEP 2 단어 읽기 모음 a가 들어간 단어를 잘 듣고 따라 말해요. 🔊49

LOOK & SAY
1 2 3

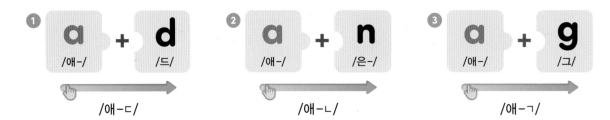

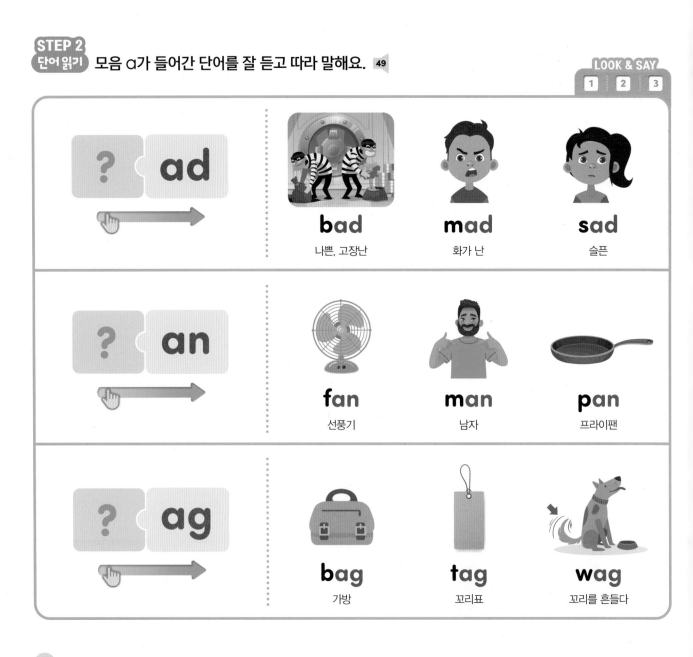

? ad →

bad 나쁜, 고장난

mad 화가 난

sad 슬픈

? an →

fan 선풍기

man 남자

pan 프라이팬

? ag →

bag 가방

tag 꼬리표

wag 꼬리를 흔든다

A **man** has a **fan**
in the **bag**.

The **fan** has a **tag**.
I have the **fan**.

The **fan** is **bad**.

I am **sad**.
I am **mad**!

Sight Words   **in** ~안에   **I** 나는, 내가   **have** 갖고 있다   **is** ~이다, ~에 있다   **am** (나는) ~이다

PRACTICE

A 잘 듣고 소리를 나타내는 글자에 ∨표 하세요. 🔊52

① ○ **ad**　○ **an**

② ○ **an**　○ **ag**

B 잘 듣고 첫소리와 끝소리를 연결한 후 알맞은 그림에 ○표 하세요. 🔊53

① **m** ·
　f ·
　　　　· **an**

② **t** ·
　w ·
　　　　· **ag**

③ **b** ·
　s ·
　　　　· **ad**

C 잘 듣고 알맞은 첫소리와 끝소리를 찾아 단어를 쓰세요. 🔊54

첫소리 **b f m p**　｜　끝소리 **ad an ag**

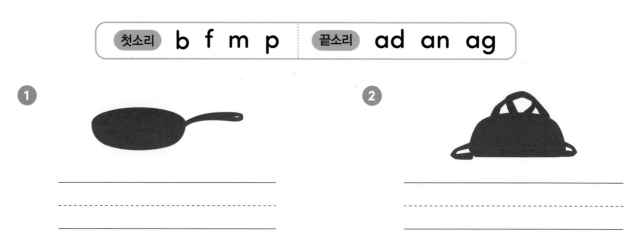

①

②

D 다음 단어를 나타내는 사진에 ○표 하세요.

E 그림을 보고 알맞은 단어를 찾아 ○표 한 후 빈칸에 쓰세요.

1. I have a _____.
   pan   fan

2. The fan is _____.
   bad   mad

3. The bag has a _____.
   wag   tag

STEP 1 소리 익히기
모음 e와 자음을 이어 발음하는 소리를 들어 보세요. 55

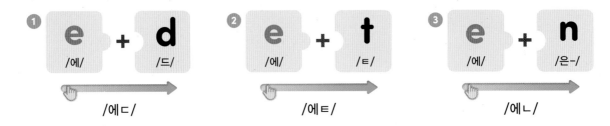

① e /에/ + d /드/ → /에ㄷ/

② e /에/ + t /트/ → /에ㅌ/

③ e /에/ + n /은-/ → /에ㄴ/

STEP 2 단어 읽기
모음 e가 들어간 단어를 잘 듣고 따라 말해요. 56

LOOK & SAY
1 2 3

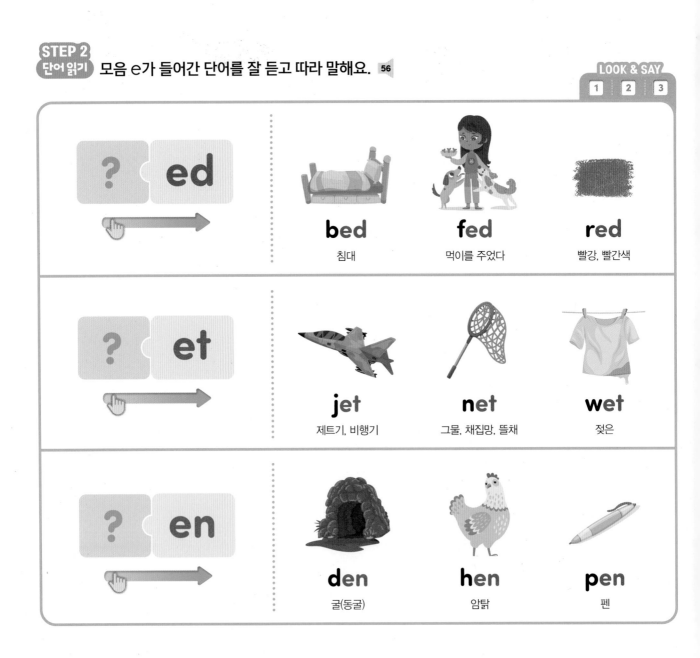

? + ed →

bed 침대

fed 먹이를 주었다

red 빨강, 빨간색

? + et →

jet 제트기, 비행기

net 그물, 채집망, 뜰채

wet 젖은

? + en →

den 굴(동굴)

hen 암탉

pen 펜

I have a **red hen**.

The **hen** is on the **bed**.

The **hen** is on the **jet**.

The **hen** is **wet**!
I get the **hen** with a **net**.

🔍 Sight Words   **on** ~위에   **get** 구하다   **with** ~을 가지고

A 잘 듣고 소리를 나타내는 글자에 ∨표 하세요. 🔊59

1 ○ ed   ○ et

2 ○ et   ○ en

B 잘 듣고 첫소리와 끝소리를 연결한 후 알맞은 그림에 ○표 하세요. 🔊60

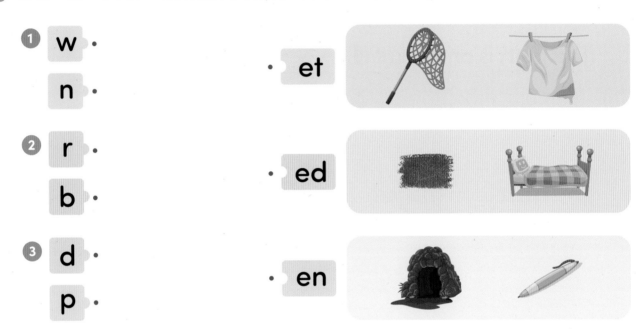

1 w ·
  n ·

2 r ·
  b ·

3 d ·
  p ·

· et

· ed

· en

C 잘 듣고 알맞은 첫소리와 끝소리를 찾아 단어를 쓰세요. 🔊61

첫소리 d h r j   끝소리 ed et en

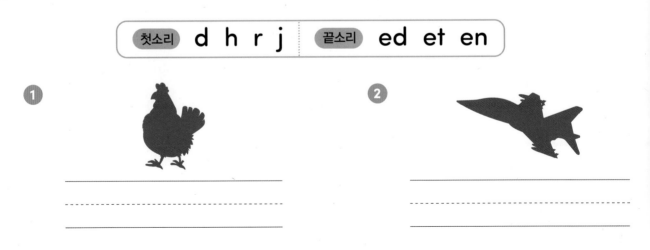

1

2

D 다음 단어를 나타내는 사진에 ○표 하세요.

E 그림을 보고 알맞은 단어를 찾아 ○표 한 후 빈칸에 쓰세요.

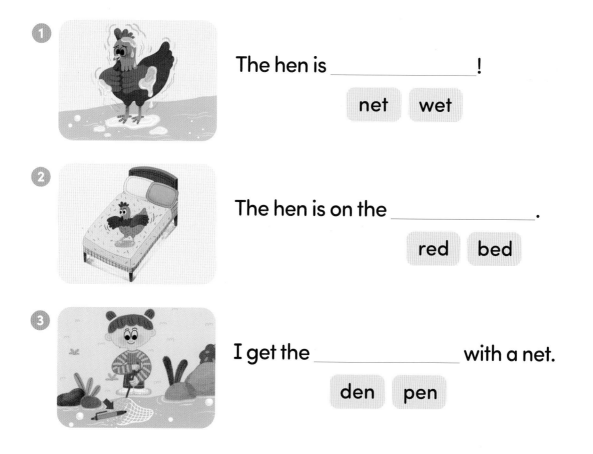

① The hen is _____ !

net   wet

② The hen is on the _____ .

red   bed

③ I get the _____ with a net.

den   pen

UNIT 17 | i ig, ip, it

STEP 1
소리 익히기 모음 i와 자음을 이어 발음하는 소리를 들어 보세요. 62

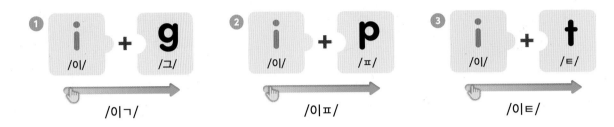

1 i /이/ + g /그/ → /이ㄱ/

2 i /이/ + p /ㅍ/ → /이ㅍ/

3 i /이/ + t /ㅌ/ → /이ㅌ/

STEP 2
단어 읽기 모음 i가 들어간 단어를 잘 듣고 따라 말해요. 63

LOOK & SAY
1 2 3

? ig →	big 큰	pig 돼지	wig 가발
? ip →	hip 골반	lip 입술	rip 찢다, 찢어지다
? it →	fit 딱 맞다	hit 치다, 때리다	sit 앉다

A **big pig** got a **wig**.
It **fit**!

A rat saw the **pig**
with the **wig**.

The **rat** got the **wig**.
Rip!

"Sorry, **Pig**!"

🔍 **Sight Words**   **it** 그것   **saw** 보았다   **got** 얻다   **sorry** 미안해

A 잘 듣고 소리를 나타내는 글자에 ∨표 하세요.

① ○ ig ○ ip

② ○ it ○ ip

B 잘 듣고 첫소리와 끝소리를 이어 단어를 완성한 후 우리말 뜻에 연결하세요. 67

① p · · ig · · 딱 맞다

② f · · ip · · 돼지

③ h · · it · · 골반

C 잘 듣고 알맞은 첫소리와 끝소리에 ○표 한 후, 완성된 단어를 쓰세요.

①
 | w + it
s + ig
 ➡ _____

②
 | f + ip
l + it
 ➡ _____

③
 | b + ig
h + ip
 ➡ _____

D 사진을 보고 알맞은 첫소리를 쓴 후 완성된 단어를 퍼즐에서 찾아 ○표 하세요.

① _____ it
치다

② _____ ig
가발

③ _____ ip
골반

k	u	a	h	i	p
n	d	x	k	u	n
l	s	n	w	a	x
h	i	t	r	i	q
d	o	v	q	r	g

E 그림을 보고 알맞은 단어를 찾아 ○표 한 후 빈칸에 쓰세요.

① It _____ s!

  sit   fit

② I have a _____ !

  wig   pig

③ I _____ a tag.

  rip   lip

UNIT 18 | i in, id, ix

STEP 1
소리 익히기
모음 i와 자음을 이어 발음하는 소리를 들어 보세요. 69

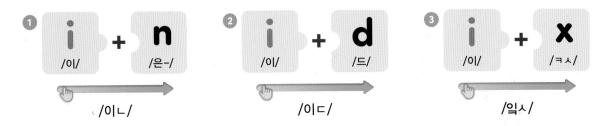

❶ i /이/ + n /은-/ → /이ㄴ/

❷ i /이/ + d /드/ → /이ㄷ/

❸ i /이/ + x /ㅋㅅ/ → /익ㅅ/

STEP 2
단어 읽기
모음 i가 들어간 단어를 잘 듣고 따라 말해요. 70

LOOK & SAY 1 2 3

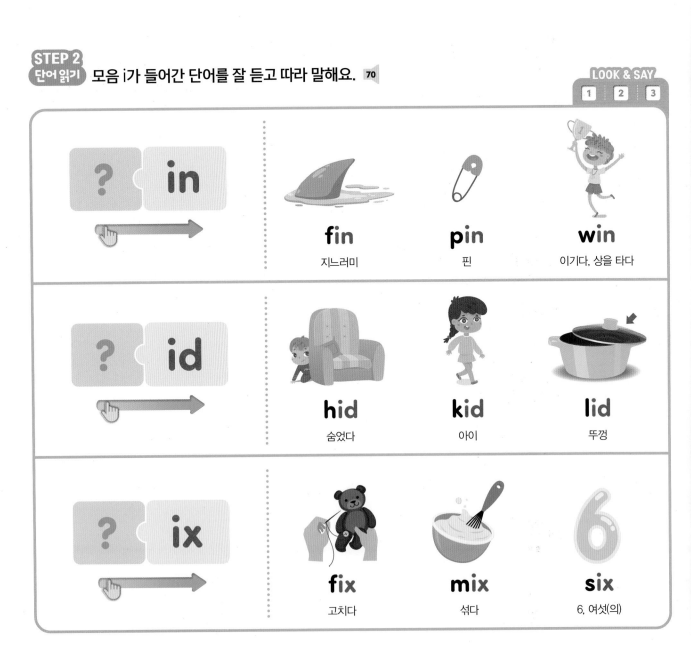

? + in →

fin
지느러미

pin
핀

win
이기다, 상을 타다

? + id →

hid
숨었다

kid
아이

lid
뚜껑

? + ix →

fix
고치다

mix
섞다

six
6, 여섯(의)

I'm a **kid**.
I'm **six**.
I have a **pin**.

I can **fix** this **fin** with the **pin**.

I can **fix** this **lid** with the **pin**.

I **fix** things well!

🔍 **Sight Words** | **I'm** 나는 ~이다 **can** 할 수 있다 **this** 이~, 이것 **things** (어떤) 것들, 물건들 **well** 잘

PRACTICE

A 잘 듣고 소리를 나타내는 글자에 ∨표 하세요. 🔊73

① ○ in   ○ ix   ② ○ id   ○ ix

B 잘 듣고 첫소리와 끝소리를 이어 단어를 완성한 후 우리말 뜻에 연결하세요. 🔊74

① h ·   · in ·   · 이기다, 상을 타다

② s ·   · ix ·   · 6, 여섯(의)

③ w ·   · id ·   · 숨었다

C 잘 듣고 알맞은 첫소리와 끝소리에 ○표 한 후, 완성된 단어를 쓰세요. 🔊75

①   f ＋ ix
                          m   in   ➡ _____

②    l ＋ ix
                          s   id   ➡ _____

③   p ＋ id
                          k   in   ➡ _____

D 사진을 보고 알맞은 첫소리를 쓴 후 완성된 단어를 퍼즐에서 찾아 ○표 하세요.

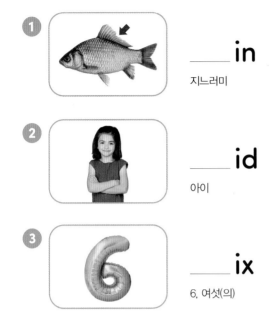

① ____ in

지느러미

② ____ id

아이

③ ____ ix

6, 여섯(의)

h	f	p	g	b	u
a	i	d	f	y	n
l	n	m	o	h	j
g	w	t	s	i	x
k	i	d	e	x	b

E 그림을 보고 알맞은 단어를 찾아 ○표 한 후 빈칸에 쓰세요.

① I'm a _____!

kid   lid

② I can _____ this.

mix   fix

③ I have a big _____.

pin   fin

니콜쌤의 친절한
팁 영상과 원어민 음원을
확인해요!

STEP 1
소리 익히기 모음 O와 자음을 이어 발음하는 소리를 들어 보세요. 76

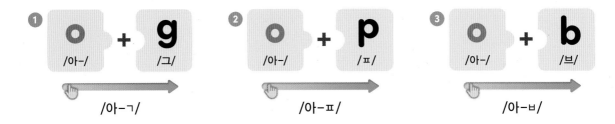

① O /아-/ + g /그/ → /아-ㄱ/

② O /아-/ + p /ㅍ/ → /아-ㅍ/

③ O /아-/ + b /브/ → /아-ㅂ/

STEP 2
단어 읽기 모음 O가 들어간 단어를 잘 듣고 따라 말해요. 77

LOOK & SAY
1 2 3

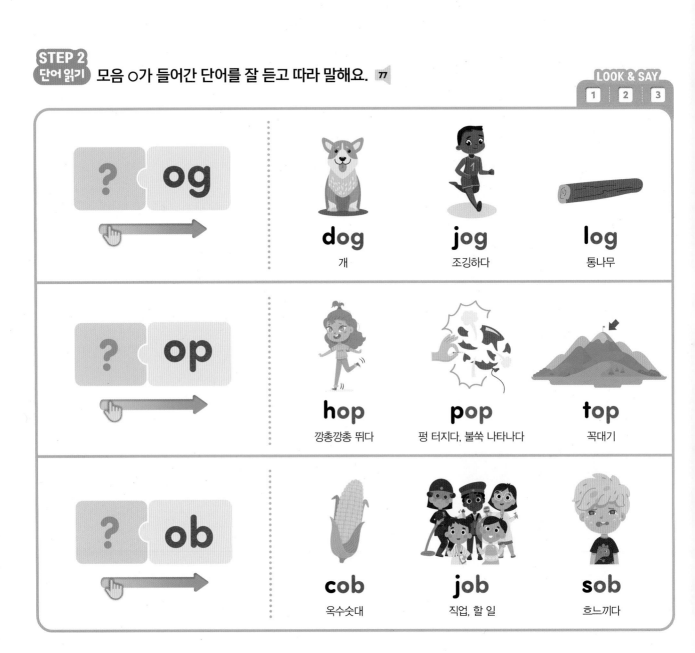

? + og →

dog 개 **jog** 조깅하다 **log** 통나무

? + op →

hop 깡충깡충 뛰다 **pop** 펑 터지다, 불쑥 나타나다 **top** 꼭대기

? + ob →

cob 옥수숫대 **job** 직업, 할 일 **sob** 흐느끼다

I **jog** with my **dog**.
That's my **job**.

We **hop** on a **log**.
We **hop** to the **top**.

I see a **cob**.
"A **cob**!"
Sob, **sob**, **sob**!

🔍 Sight Words | **my** 나의   **that's** 그것은 ~이다   **we** 우리는, 우리가   **to** ~로   **see** ~를 보다

A 잘 듣고 소리를 나타내는 글자에 ∨표 하세요. 🔊 80

① ○ op   ○ ob

② ○ og   ○ ob

B 잘 듣고 보기에서 단어의 첫소리와 끝소리를 찾아 쓰세요. 🔊 81

보기

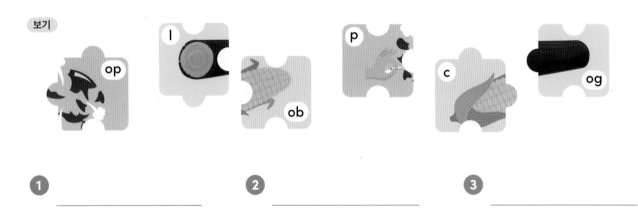

① _____

② _____

③ _____

C 잘 듣고 공통된 끝소리 글자를 써서 단어를 완성하세요. 🔊 82

① c_____

s_____

② j_____

d_____

③ t_____

h_____

D 사진을 보고 알맞은 글자를 써 단어를 완성하세요.

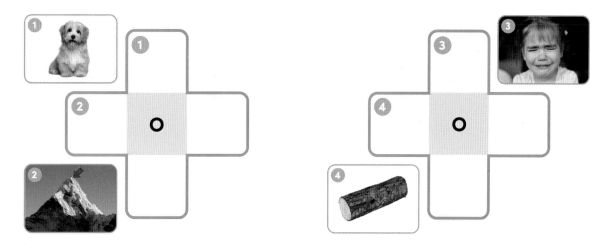

E 그림을 보고 알맞은 단어를 찾아 ○표 한 후 빈칸에 쓰세요.

① That's a _____.

job   cob

② We _____ on a log.

pop   hop

③ I _____ with my dog.

log   jog

UNIT 20 | **O** ot, od, ox

니콜쌤의 친절한
팁 영상과 원어민 음원을
확인해요!

모음 O와 자음을 이어 발음하는 소리를 들어 보세요. 🔊 83

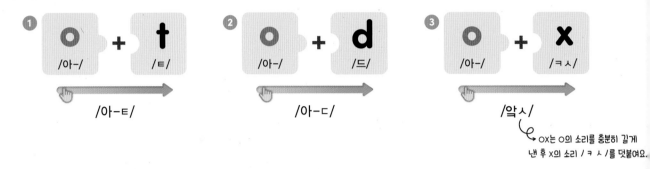

① **O** /아-/ + **t** /트/ → /아-트/

② **O** /아-/ + **d** /드/ → /아-드/

③ **O** /아-/ + **x** /ㅋㅅ/ → /악ㅅ/

↳ ox는 O의 소리를 충분히 길게
낸 후 x의 소리 /ㅋㅅ/를 덧붙여요.

모음 O가 들어간 단어를 잘 듣고 따라 말해요. 🔊 84

LOOK & SAY 1 2 3

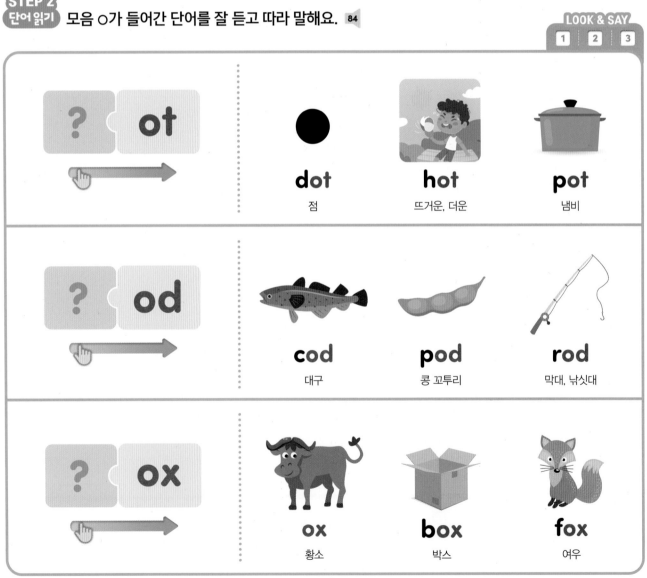

? ⌐ ot			
	dot 점	**hot** 뜨거운, 더운	**pot** 냄비

? ⌐ od			
	cod 대구	**pod** 콩 꼬투리	**rod** 막대, 낚싯대

? ⌐ ox			
	ox 황소	**box** 박스	**fox** 여우

Ox had a **pod**.
He put the **pod** in a **pot**.

Fox had a **cod** on a **rod**.
He put the **cod** in the **pot**.

The **pot** is **hot**.
Ox and **Fox** like the **hot pot**.

T!P hot pot은 '뜨거운 냄비'라는 뜻도 되지만 '뜨겁게 끓인 찌개 같은 요리'를 뜻하기도 해요.

Sight Words | **had** 갖고 있었다 | **he** 그는, 그가 | **put** 넣었다 | **like** 좋아하다

PRACTICE

A 잘 듣고 소리를 나타내는 글자에 ∨표 하세요. 🔊87

① ⭕ ot ⭕ od

② ⭕ ox ⭕ od

B 잘 듣고 보기에서 단어의 첫소리와 끝소리를 찾아 쓰세요. 🔊88

보기

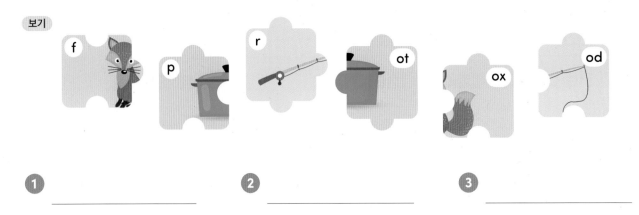

① _____

② _____

③ _____

C 잘 듣고 공통된 끝소리 글자를 써서 단어를 완성하세요. 🔊89

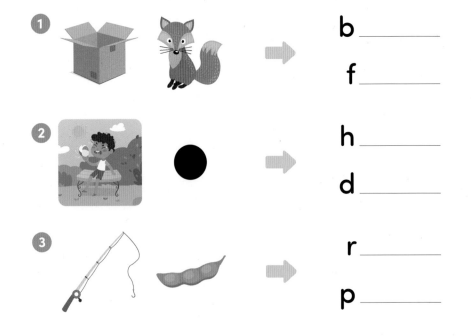

① b_____

 f_____

② h_____

 d_____

③ r_____

 p_____

D 사진을 보고 알맞은 글자를 써 단어를 완성하세요.

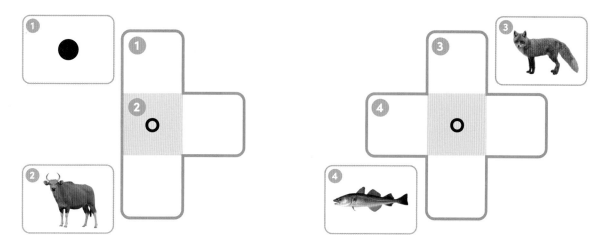

E 그림을 보고 알맞은 단어를 찾아 ○표 한 후 빈칸에 쓰세요.

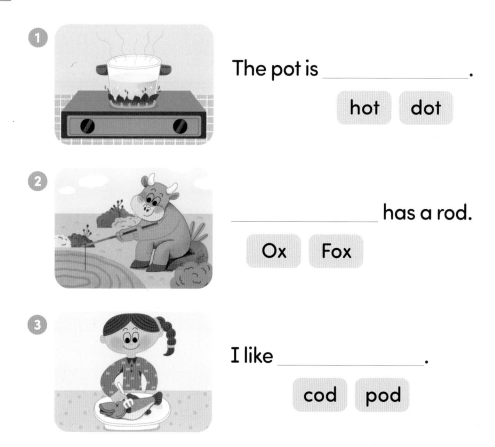

The pot is _____.

hot   dot

_____ has a rod.

Ox   Fox

I like _____.

cod   pod

STEP 1
소리 익히기 모음 u와 자음을 이어 발음하는 소리를 들어 보세요. 90

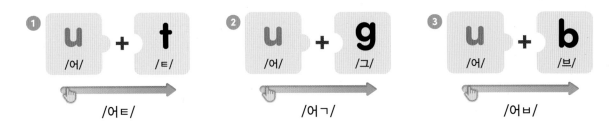

① u /어/ + t /트/ → /어트/

② u /어/ + g /그/ → /어그/

③ u /어/ + b /브/ → /어브/

STEP 2
단어 읽기 모음 u가 들어간 단어를 잘 듣고 따라 말해요. 91

LOOK & SAY
1 2 3

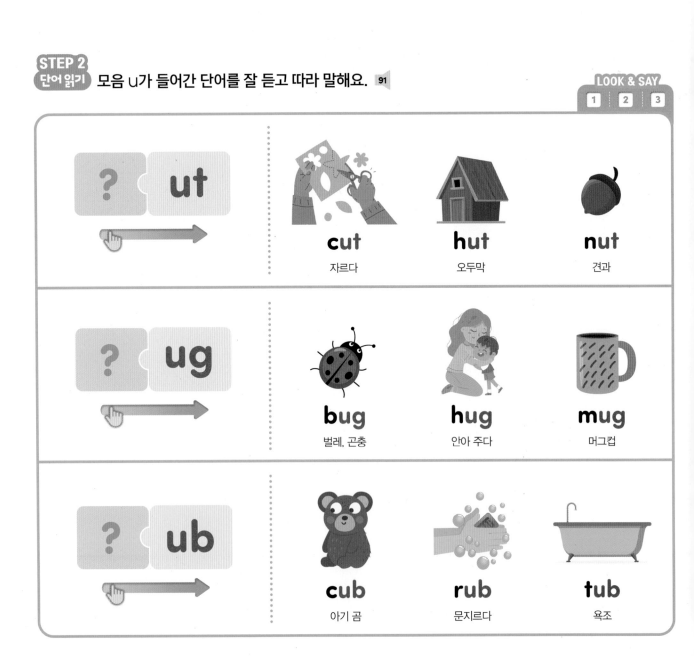

? ut

cut 자르다

hut 오두막

nut 견과

? ug

bug 벌레, 곤충

hug 안아 주다

mug 머그컵

? ub

cub 아기 곰

rub 문지르다

tub 욕조

There's a **cub** in a **hut**.
He has a **tub**.

He plays in the **tub**.
He has a **nut**.
Rub, rub, rub.

There's a big **bug** in the **tub**!

The **cub** gets the **bug**.
"Thanks, **Cub**!"

 Sight Words   **there's** ~이 있다   **plays** 놀다   **gets** 구하다   **thanks** 고마워

A 잘 듣고 소리를 나타내는 글자에 V표 하세요. 🔊 94

① ○ ug   ○ ub

② ○ ut   ○ ub

B 잘 듣고 보기에서 단어의 첫소리와 끝소리를 찾아 쓰세요. 🔊 95

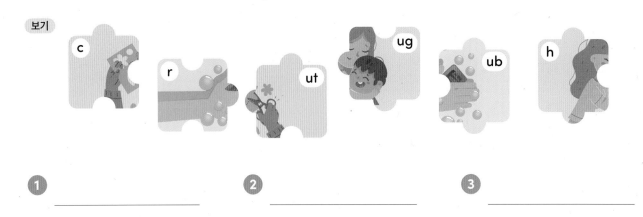

보기   c   r   ut   ug   ub   h

① _____   ② _____   ③ _____

C 잘 듣고 공통된 끝소리 글자를 써서 단어를 완성하세요. 🔊 96

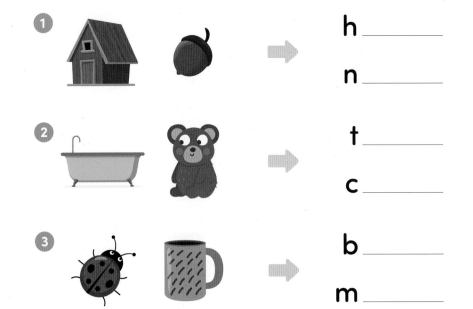

① ➡ h_____
　 n_____

② ➡ t_____
　 c_____

③ ➡ b_____
　 m_____

D 사진을 보고 알맞은 글자를 써 단어를 완성하세요.

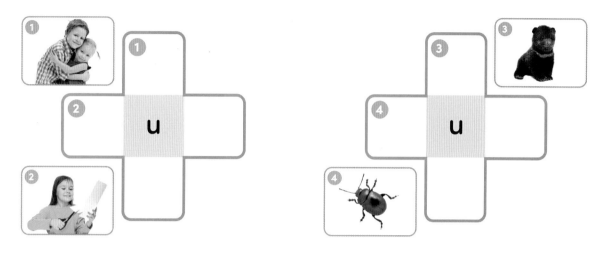

E 그림을 보고 알맞은 단어를 찾아 ○표 한 후 빈칸에 쓰세요.

1. There's a _____ .

   hut   nut

2. There's a _____ !

   mug   bug

3. He plays in the _____ .

   rub   tub

니콜쌤의 친절한
팁 영상과 원어민 음원을
확인해요!

STEP 1
소리 익히기 모음 u와 자음을 이어 발음하는 소리를 들어 보세요. **97**

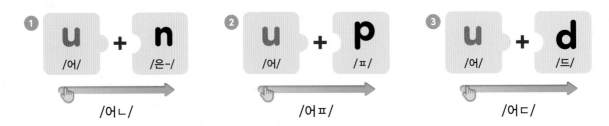

① u /어/ + n /은-/ → /어ㄴ/

② u /어/ + p /ㅍ/ → /어ㅍ/

③ u /어/ + d /드/ → /어ㄷ/

STEP 2
단어 읽기 모음 u가 들어간 단어를 잘 듣고 따라 말해요. **98**

LOOK & SAY
1 2 3

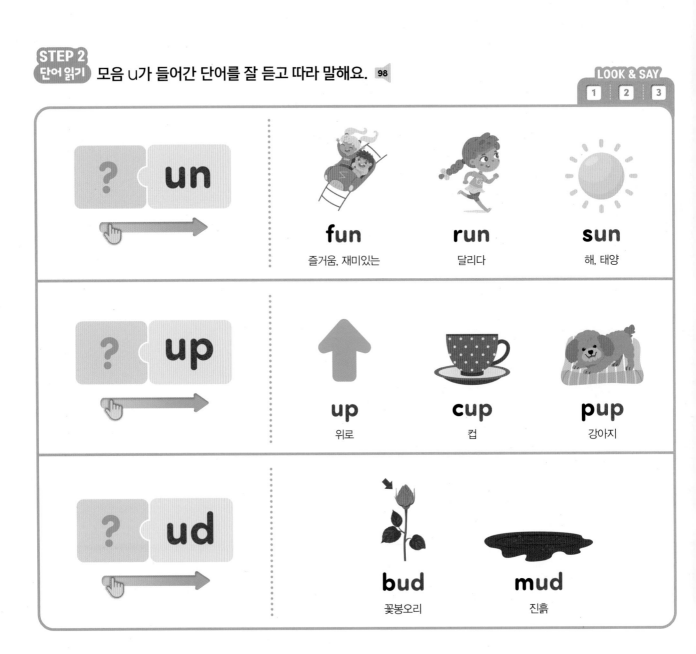

? un →

fun
즐거움, 재미있는

run
달리다

sun
해, 태양

? up →

up
위로

cup
컵

pup
강아지

? ud →

bud
꽃봉오리

mud
진흙

The **sun** is **up**.
I **run** with my **pup**.

I see a **bud**.
I put it in my **cup**.

See?
The **bud** is in the **cup**!

Do you like it?
I like it, too!

🔍 **Sight Words**

do ~하니?　　**you** 너는, 네가　　**too** ~도, 역시

A 잘 듣고 소리를 나타내는 글자에 V표 하세요. 🔊 101

1. ○ un   ○ ud   2. ○ up   ○ ud

B 잘 듣고 보기에서 단어의 첫소리와 끝소리를 찾아 쓰세요. 🔊 102

보기

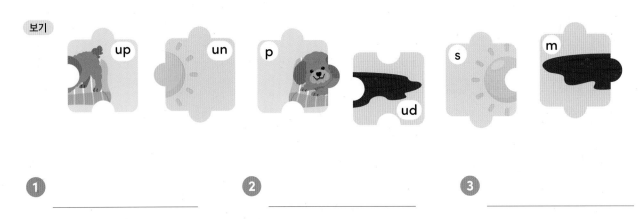

up   un   p   ud   s   m

1. _____   2. _____   3. _____

C 잘 듣고 공통된 끝소리 글자를 써서 단어를 완성하세요. 🔊 103

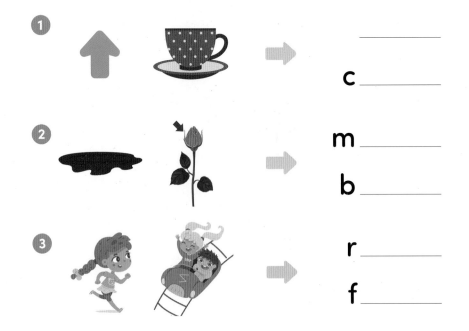

1. _____

   c _____

2. m _____

   b _____

3. r _____

   f _____

D 사진을 보고 알맞은 글자를 써 단어를 완성하세요.

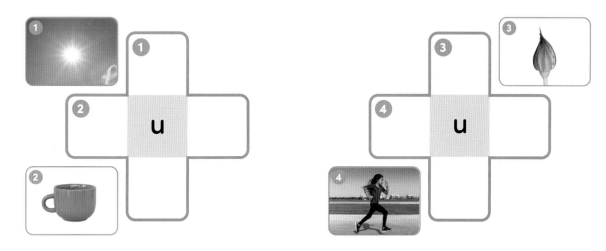

E 그림을 보고 알맞은 단어를 찾아 ○표 한 후 빈칸에 쓰세요.

① The _____ is up.

sun　fun

② We have fun in the _____.

mud　bud

③ Do you like this _____?

up　cup

PART 3

자음이 두 개인 단어 읽기

GLAD

Part 2에서 3글자로 된 단어를 읽어봤으니 자음의 개수를 늘려 4글자, 5글자 이상의 더 긴 단어도 읽어 봅시다!

긴 글자로 이루어진 단어는 앞에서 배운 소리 합치기(blending)를 통해 읽을 수 있는 단어들도 있지만 그렇게 읽을 수 없는 단어들도 있어요. '자음+자음'이 만났는데 각 글자의 소리가 살아있지 않고 전혀 새로운 소리를 내는 경우도 있거든요! 이런 소리들은 어떤 소리가 나는지 꼭 배워야만 단어를 바르게 읽을 수 있으므로 Part 3에서 자세하게 알아보아요!

crab

stomp

catch

melting

UNIT 23 | bl, cl, fl, gl

니콜쌤의 친절한 팁 영상과 원어민 음원을 확인해요!

STEP 1
소리 익히기 자음과 자음 l을 이어 발음하는 소리를 들어 보세요. 104

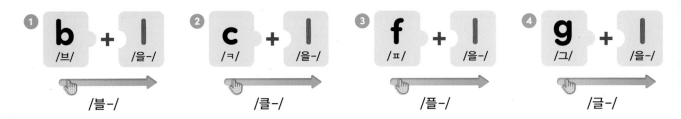

① **b** /브/ + **l** /을-/ → /블-/

② **c** /크/ + **l** /을-/ → /클-/

③ **f** /프/ + **l** /을-/ → /플-/

④ **g** /그/ + **l** /을-/ → /글-/

STEP 2
단어 읽기 '자음 + l'로 시작하는 단어를 잘 듣고 따라 말해요. 105

LOOK & SAY
1 2 3

bl ?

black 검정, 검정색의

block 블록(장난감)

cl ?

clam 조개

clap 박수 치다

fl ?

flag 깃발

flip 홱 뒤집다

gl ?

glad 기쁜

glass 유리, 유리잔

같은 글자나 같은 소리의 글자가 두 개일 때 소리는 한 번만 내요!

T!P | 뒤에 모음이 올 때는 l 소리가 모음과 연결되면서 한 번 더 나는 것처럼 들려요.

Look, **clam**s!
Look what we have!

Look at this big **glass**.

Look at this red **block**.

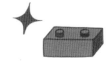

Look at this **black flag**.

We **flip** and **clap**.
We are **glad**.

TIP 단어 뒤에 s가 붙으면 둘 이상이라는 뜻이에요!

🔍 Sight Words   **look** 봐, 보다   **what** ~것, 무엇   **at** ~을, ~에   **are** ~이다

PRACTICE

A 잘 듣고 소리를 나타내는 글자에 V표 하세요. 🔊108

1 ◯ bl ◯ fl

2 ◯ cl ◯ gl

B 잘 듣고 글자를 연결하여 단어를 만들고 어울리는 그림에 연결하세요. 🔊109

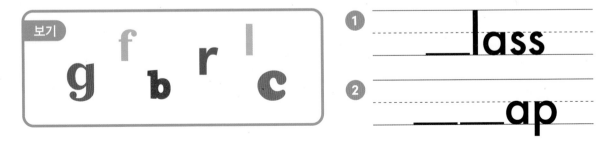

1 bl ·   · ag ·   ·

2 cl ·   · ad ·   ·

3 fl ·   · ock ·   ·

4 gl ·   · am ·   ·

C 잘 듣고 보기에서 알맞은 글자를 찾아 써서 단어를 완성하세요. 🔊110

보기 g f b r l c

1 ＿lass

2 ＿＿ap

D 사진이 나타내는 단어를 글자띠에서 찾아 보세요.

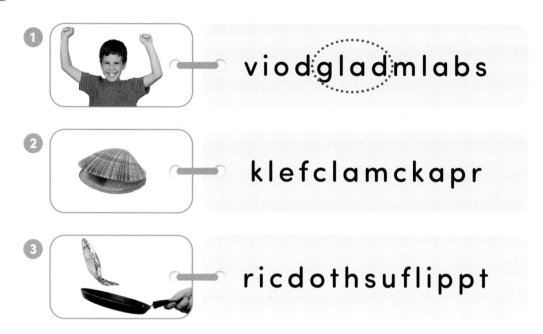

① viod**glad**mlabs

② klef**clam**ckapr

③ ricdothsu**flip**pt

E 그림을 보고 알맞은 단어를 찾아 ○표 한 후 빈칸에 쓰세요.

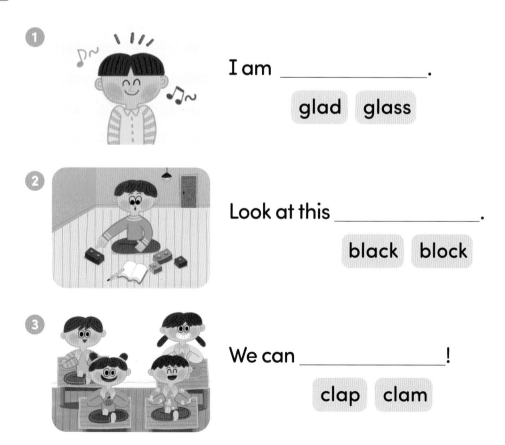

① I am _____.

glad   glass

② Look at this _____.

black   block

③ We can _____!

clap   clam

니콜쌤의 친절한
팁 영상과 원어민 음원을
확인해요!

STEP 1
소리 익히기 자음과 자음 r을 이어 발음하는 소리를 들어 보세요. 🔊 111

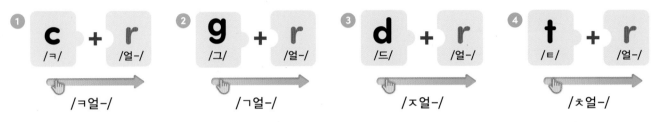

① **c** /ㅋ/ + **r** /얼-/ → /ㅋ얼-/

② **g** /그/ + **r** /얼-/ → /ㄱ얼-/

③ **d** /드/ + **r** /얼-/ → /ㅈ얼-/

④ **t** /ㅌ/ + **r** /얼-/ → /ㅊ얼-/

T!P d와 t 뒤에 r이 오면 d와 t의 소리가 살짝 뭉개지며
/ㅈ얼-/, /ㅊ얼-/ 소리가 나요.

STEP 2
단어 읽기 '자음+r'로 시작하는 단어를 잘 듣고 따라 말해요. 🔊 112

LOOK & SAY
1 2 3

cr ?

crab
게

crack
금, 틈새

같은 소리가
나는 글자 두 개가
나란히 올 때는
한 번만 소리 내요!

gr ?

grass
잔디, 풀

grill
(고기 굽는) 그릴

dr ?

drop
떨어뜨리다, 떨어지다

drum
드럼, 북

tr ?

track
발자국, 바퀴 자국

truck
트럭

The **crab**s are on the **grill**.
"It is too hot!
 Let's run away."

They **drop** on the **grass**.
A kid sees the **grill**.
The **crab**s are not on the **grill**.

The kid sees the **track**s.
"They are in the **crack**!"

Sight Words **let's** ~하자   **away** 멀리   **they** 그들은   **not** 아닌, 없는

PRACTICE

A 잘 듣고 소리를 나타내는 글자에 ∨표 하세요. 115

1. ○ gr ○ cr
2. ○ dr ○ tr

B 잘 듣고 글자를 연결하여 단어를 만들고 어울리는 그림에 연결하세요. 116

1. cr · · um ·

2. gr · · ab ·

3. dr · · ack ·

4. tr · · ass ·

C 잘 듣고 보기에서 알맞은 글자를 찾아 써서 단어를 완성하세요. 117

보기
g t c d l r

1. ___rop

2. ___ill

D 사진이 나타내는 단어를 글자띠에서 찾아 보세요.

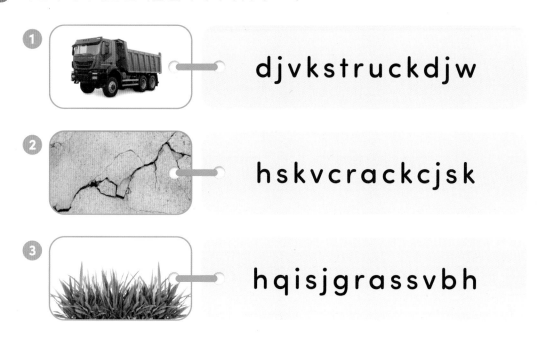

① djvk**struck**djw → djvk**truck**djw

② hskv**crack**cjsk

③ hqisj**grass**vbh

E 그림을 보고 알맞은 단어를 찾아 ○표 한 후 빈칸에 쓰세요.

① This is my _____.

track   truck

② We run on the _____.

grill   grass

③ Look at the big _____.

drum   drop

STEP 1
소리 익히기 자음 s와 자음을 이어 발음하는 소리를 들어 보세요. 118

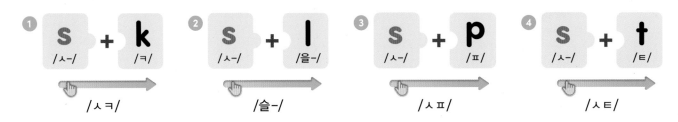

① s /ㅅ-/ + k /ㅋ/ → /ㅅㅋ/
② s /ㅅ-/ + l /을-/ → /슬-/
③ s /ㅅ-/ + p /ㅍ/ → /ㅅㅍ/
④ s /ㅅ-/ + t /ㅌ/ → /ㅅㅌ/

STEP 2
단어 읽기 'S+자음'으로 시작하는 단어를 잘 듣고 따라 말해요. 119

LOOK & SAY
1 2 3

sk ?

skip
(양발을 번갈아) 깡총깡총 뛰다

skull
두개골, 머리뼈

sl ?

sled
썰매

slug
민달팽이

sp ?

spin
빙빙 돌다

spot
점, 얼룩

st ?

stick
막대기

stop
멈추다

A **slug** is on a **sled**.
The **sled** has a flag with a **skull**.
"This is fun!"

The **slug** sees a big **stick**.
"Oh, no! **Stop**!"

The **slug** can't **stop** the **sled**.
Spin, **spin**, **spin**!
"It is not fun anymore!"

Sight Words | **oh** 오, 저런 **no** 안 돼, 없는 **can't** ~할 수 없다 **anymore** 더 이상

A 잘 듣고 소리를 나타내는 글자에 ∨표 하세요. 🔊122

1. ◯ sk ◯ sl
2. ◯ sp ◯ st

B 잘 듣고 글자를 연결하여 단어를 만들고 어울리는 그림에 연결하세요. 🔊123

1. sk ·   · ot ·   ·

2. sl ·   · ip ·

3. sp ·   · ick ·   ·

4. st ·   · ed ·   ·

C 잘 듣고 보기에서 알맞은 글자를 찾아 써서 단어를 완성하세요. 🔊124

보기

k c s p t l

1. s__op

2. ____in

D 사진이 나타내는 단어를 글자띠에서 찾아 보세요.

1  d h q i c s l u g g j e h a

2 q a i w e f s k u l l s k i h v

3 s p i n k e n a w l k u f k j h

E 그림을 보고 알맞은 단어를 찾아 ○표 한 후 빈칸에 쓰세요.

1 I have a _____.

sled   slug

2 The dog likes the _____.

stop   stick

3 I got _____.

spins   spots

UNIT 26 | sk, st, lk, lt

니콜쌤의 친절한 팁 영상과 원어민 음원을 확인해요!

STEP 1
소리 익히기 자음과 자음을 이어 발음하는 소리를 들어 보세요. **125**

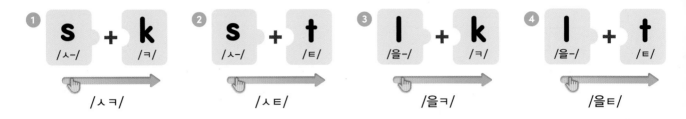

① s /ㅅ-/ + k /ㅋ/ → /ㅅㅋ/

② s /ㅅ-/ + t /ㅌ/ → /ㅅㅌ/

③ l /을-/ + k /ㅋ/ → /을ㅋ/

④ l /을-/ + t /ㅌ/ → /을ㅌ/

STEP 2
단어 읽기 다음 끝소리가 들어간 단어를 잘 듣고 따라 말해요. **126**

LOOK & SAY
1 2 3

? sk

ask
묻다

mask
가면

? st

best
최고

fast
빠른

? lk

milk
우유

silk
비단

? lt

belt
벨트

melt
녹다

A man with a **mask** and a **belt**
went to get **milk**.

He saw a truck.
"The truck is too **fast**!"

The man **stop**s the truck.
"Who are you?" we all **ask**.
"You are the **best**!"

Sight Words   **went** 갔다   **to** ~하러   **who** 누구   **all** 모두

A 잘 듣고 소리를 나타내는 글자에 ∨표 하세요. 🔊 129

1. ○ sk ○ st

2. ○ lk ○ lt

B 잘 듣고 글자를 연결하여 알맞은 단어를 만들어 보세요. 🔊 130

1. m ·   · a ·   · sk
         · e ·   · st

2. f ·   · o ·   · lt
         · a ·   · st

3. m ·   · i ·   · lk
         · e ·   · st

4. b ·   · u ·   · lt
         · e ·   · it

C 잘 듣고 보기에서 알맞은 글자를 찾아 써서 단어를 완성하세요. 🔊 131

보기 t s l k m p

1. a＿k

2. si＿＿＿

D 사진이 나타내는 단어를 글자띠에서 찾아 보세요.

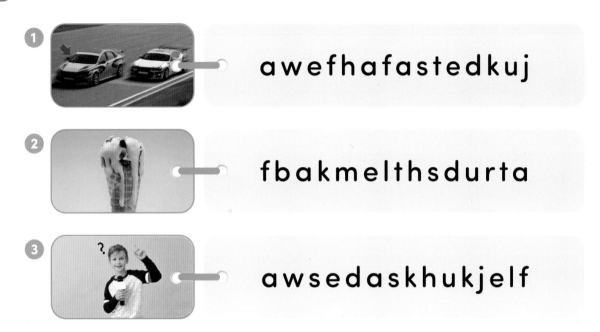

① awefhafastedkuj

② fbakmelthsdurta

③ awsedaskhukjelf

E 그림을 보고 알맞은 단어를 찾아 ○표 한 후 빈칸에 쓰세요.

① I like _____.

milk   silk

② Who likes this _____?

mask   ask

③ I went to get a _____.

melt   belt

STEP 1
소리 익히기 자음과 자음을 이어 발음하는 소리를 들어 보세요. 132

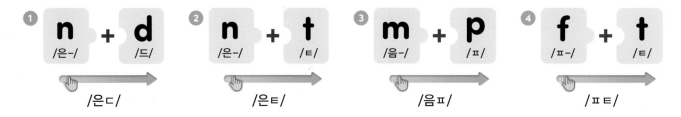

① **n** /은-/ + **d** /드/ → /은ㄷ/

② **n** /은-/ + **t** /트/ → /은ㅌ/

③ **m** /음-/ + **p** /프/ → /음ㅍ/

④ **f** /프-/ + **t** /트/ → /프ㅌ/

STEP 2
단어 읽기 다음 끝소리가 들어간 단어를 잘 듣고 따라 말해요. 133

LOOK & SAY
1 2 3

? nd

hand
손

sand
모래

? nt

hunt
사냥, 사냥하다

tent
텐트

? mp

camp
캠핑하다

stomp
발을 구르다

? ft

raft
뗏목

soft
부드러운

We are on a **raft**.
"Let's **camp** here."

We put up a **tent**.
"Let's **stomp**!"

We see crabs.
"Let's go for a crab **hunt**."

We put our **hands** in the **soft sand**.
Oh, this is so fun!

 put up은 '(텐트를) 세우다'라는 뜻이에요.

Sight Words   **here** 여기, 여기서   **go** 가다   **for** ~을 위하여   **our** 우리의   **so** 매우

PRACTICE

A 잘 듣고 소리를 나타내는 글자에 ∨표 하세요. 136

1. ○ nd ○ nt
2. ○ mp ○ ft

B 잘 듣고 글자를 연결하여 알맞은 단어를 만들어 보세요. 137

1. s ·   · a ·   · nd
         · e ·   · nt

2. t ·   · e ·   · nk
         · a ·   · nt

3. c ·   · a ·   · mp
         · e ·   · nt

4. r ·   · o ·   · ft
         · a ·   · nt

C 잘 듣고 보기에서 알맞은 글자를 찾아 써서 단어를 완성하세요. 138

보기
s p t m f n

1. so_____

2. sto_____

D 사진을 보고 알맞은 글자에 ∨표 하고 단어를 완성하세요.

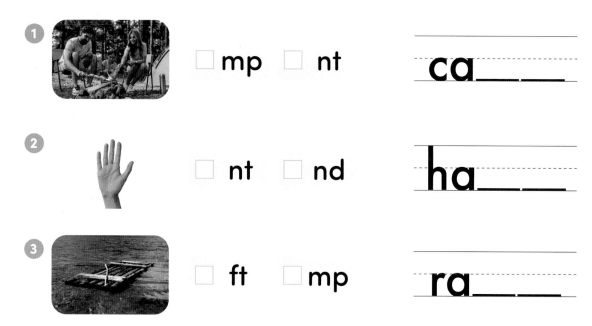

① ☐ mp ☐ nt   ca____

② ☐ nt ☐ nd   ha____

③ ☐ ft ☐ mp   ra____

E 그림을 보고 알맞은 단어를 찾아 ○표 한 후 빈칸에 쓰세요.

① A cat can _____ a rat.

hunt   stomp

② This is our _____.

tent   raft

③ Let's have fun in the _____!

sand   hand

UNIT 28 | ch, tch, sh

니콜쌤의 친절한 팁 영상과 원어민 음원을 확인해요!

STEP 1 소리 익히기
자음 ch, tch, sh 소리를 들어 보세요. 🔊 139

1 ch
/츄/

2 tch
/츄/

3 sh
/슈-/

(T!P) ch, tch, sh는 각각의 글자 소리가 아니라 ch, tch, sh가 하나의 덩어리로 새로운 소리가 나요.

STEP 2 단어 읽기
ch, tch, sh가 들어간 단어를 잘 듣고 따라 말해요. 🔊 140

LOOK & SAY
1 2 3

입술을 앞으로 내밀고 (웃) 하고 준비, /츄/ 하고 바람을 터뜨려요.

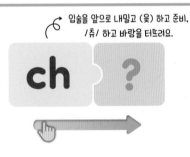 ch + ?

chat
이야기하다

check
확인하다

rich
부유한

ch 앞에도 소리를 더해서 단어를 만들 수 있어요!

단어 끝에 오는 tch는 ch와 소리가 같아요!

 ? + tch

catch
잡다

hatch
부화하다

witch
마녀

바람을 부드럽고 길게 내보내며 /슈-/ 하고 소리 내요!

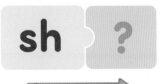 sh + ?

ship
배

shop
가게

fish
물고기, 물고기를 잡다

sh 앞에도 소리를 더해서 단어를 만들 수 있어요!

We **chat** and **fish** on a **ship**.
We **catch** many **fish**.

"How many?"
"We have six **fish**!"

We go to the **fish shop**.
"Do you want some **fish**?"
"Yes, I do."

We are **rich**!

TIP do는 '~하니?'로 물을 때도 쓰고
Yes, I do.처럼 '그렇다'라고 대답할 때도 써요.

Sight Words | **many** 많은 | **how** 얼마나 | **want** ~을 원하다 | **some** 약간의

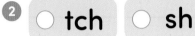

PRACTICE

A 잘 듣고 소리를 나타내는 글자에 ∨표 하세요. 📢143

① ○ ch   ○ sh

② ○ tch   ○ sh

B 잘 듣고 글자를 연결하여 알맞은 단어를 만들어 보세요. 📢144

① sh ·   · n
   ch ·   · a ·   · t

② ch ·   · p
   sh ·   · o ·   · b
           · e ·

③ h ·   · tch
       · a ·   · sh

C 잘 듣고 단어의 <u>틀린</u> 부분을 찾아 바르게 고친 후 단어를 다시 쓰세요. 📢145

①

rish

_____

②

capch

_____

D 사진을 보고 알맞은 글자에 ∨표 하고 단어를 완성하세요.

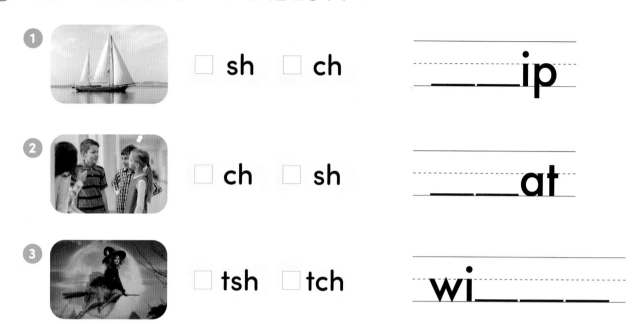

① ☐ sh ☐ ch   ＿＿＿ip

② ☐ ch ☐ sh   ＿＿＿at

③ ☐ tsh ☐ tch   wi＿＿＿

E 그림을 보고 알맞은 단어를 찾아 ○표 한 후 빈칸에 쓰세요.

① I want to ＿＿＿＿＿＿ this.

check chat

② It is a big ＿＿＿＿＿.

ship shop

③ How many ＿＿＿＿＿?

fish witch

UNIT 29 | wh, th¹, th²

니콜쌤의 친절한 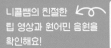 팁 영상과 원어민 음원을 확인해요!

STEP 1
소리 익히기 자음 wh와 th의 두 가지 소리를 들어 보세요. 146

① **wh**

/(우)워/

② **th**¹

/드-/

③ **th**²

/ㅆ-/

TIP wh는 w와 같이 /(우)워/ 소리가 나요.
th는 두 가지 소리가 나요! 하나는 혀끝이 떨리며 소리가 나는 /드-/이고,
또 다른 소리는 혀 끝을 윗니와 아랫니 사이에 대고 바람만 내보내는 /ㅆ-/예요.

STEP 2
단어 읽기 wh, th가 들어간 단어를 잘 듣고 따라 말해요. 147

LOOK & SAY
1 2 3

wh ? → **whip** 거품을 내다 **whack** 세게 치다

th¹ ? → **that** 저것 **this** 이것

th² ? → **thin** 얇은 **thick** 두꺼운

? **th**² → th 앞에도 소리를 더해서 단어를 만들 수 있어요!
bath 목욕, 욕조 **path** 오솔길

This is my dog.
We play on the **path**.

I see a **thin** stick.
"Do you want **this**?"
He likes it.

He sees a **thick** stick.
"Do you want **that**?"
He likes it, too.

I give him a **bath**.
I love my dog!

🔍 Sight Words   **likes** 좋아하다   **give** 주다, 하다   **him** 그를   **love** 사랑하다

PRACTICE

A 잘 듣고 소리를 나타내는 글자에 ∨표 하세요. 🔊150

① ◯ wh ◯ th   ② ◯ wh ◯ th

B 잘 듣고 글자를 연결하여 알맞은 단어를 만들어 보세요. 🔊151

① th ·   · a ·   · ck
   wh ·   · ch

② wh ·   · i ·   · n
   th ·   · s

③ b ·   · a ·   · th
   p ·   · ch

C 잘 듣고 단어의 <u>틀린</u> 부분을 찾아 바르게 고친 후 단어를 다시 쓰세요. 🔊152

①

thack

②

pats

_____

- - - - - - - - - - - - - - - - - - -

_____

D 사진을 보고 알맞은 글자에 ∨표 하고 단어를 완성하세요.

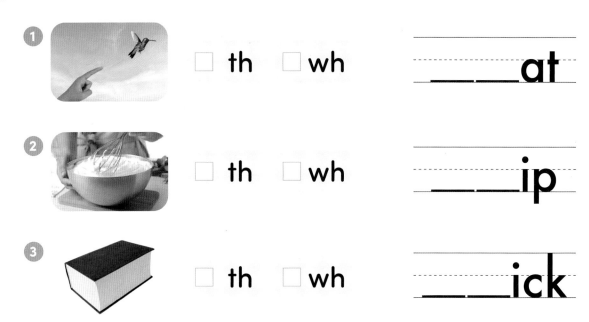

1. ☐ th ☐ wh   _____at

2. ☐ th ☐ wh   _____ip

3. ☐ th ☐ wh   _____ick

E 그림을 보고 알맞은 단어를 찾아 ○표 한 후 빈칸에 쓰세요.

1. I can _____!

   whip   whack

2. Here is a _____ stick.

   thin   thick

3. We give him a _____.

   path   bath

UNIT 30 | ng, ing, nk

니콜쌤의 친절한 팁 영상과 원어민 음원을 확인해요!

자음 ng, ing, nk의 소리를 들어 보세요. 153

① **ng**
/응-/

② **ing**
/잉-/

③ **nk**
/응-ㅋ/

T!P n과 g가 만나면 /응-/ 하는 콧소리가 나요.
nk에서 n은 ng와 같은 소리인 /응-/으로 소리 나요.

ng, ing, nk가 들어간 단어를 잘 듣고 따라 말해요. 154

LOOK & SAY
1 2 3

? + ng

sing
노래하다

king
왕

wing
날개

? + ing

melting
녹고 있는

singing
노래하고 있는

yelling
소리 지르고 있는

? + nk

pink
분홍색

skunk
스컹크

thank
고마워하다

/ㅆ-/ 소리가 나는
th 발음이에요.

This **king** is never glad.

A man with **wing**s comes.
He has a **singing skunk**.
"**Sing, Skunk!**" says the man.

The **singing skunk** makes the **king** glad.
"Oh, **thank** you!"

🔍 Sight Words | **never** 결코 ~않다　**comes** 오다　**says** 말하다　**makes** 만들다

PRACTICE

A 잘 듣고 소리를 나타내는 글자에 ∨표 하세요. 🔊157

① ○ ng ○ nk

② ○ ing ○ nk

B 잘 듣고 글자를 연결하여 알맞은 단어를 만들어 보세요. 🔊158

① s ·
· a ·
· i ·
· ng
· nk

② ye ·
· ll ·
· ss ·
· ng
· ing

③ sk ·
· i ·
· u ·
· nk
· sh

C 잘 듣고 단어의 <u>틀린</u> 부분을 찾아 바르게 고친 후 단어를 다시 쓰세요. 🔊159

①

winp

②

singink

D 사진을 보고 알맞은 글자에 V표 하고 단어를 완성하세요.

1. ☐ ng ☐ nk

   pi____

2. ☐ ng ☐ nk

   si____

3. ☐ ing ☐ ink

   yell____

E 그림을 보고 알맞은 단어를 찾아 ○표 한 후 빈칸에 쓰세요.

1.

   He is a _____.

   wing   king

2.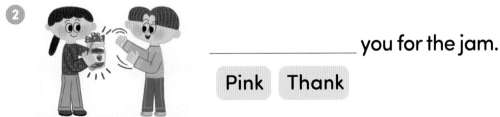

   _____ you for the jam.

   Pink   Thank

3.

   It is _____ in the sun.

   melting   yelling

PART 4

모음의 새로운 소리 알기
(모음+□+e)

Part 4에서는 새로운 모음 소리를 배울 거예요. '모음+자음+e'로 이루어진 글자 덩어리의 모음은 우리가 배운 대표 소리로 발음하지 않아요. 모음의 이름 소리가 나고 e는 아예 발음하지 않는답니다. 직접 Part 4에서 '모음+자음+e'로 이루어진 단어들을 읽으면서 자세히 알아보아요.

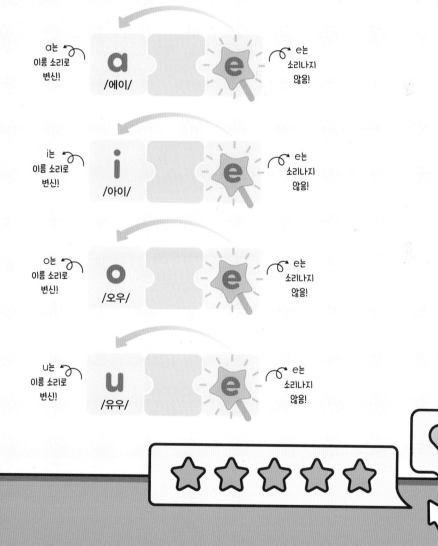

UNIT 31 | a_e

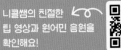

STEP 1 소리 익히기
'모음 a + 자음 + 모음 e'를 이어 발음하는 소리를 들어 보세요. 160

a는
이름 소리로
변신!

a
/에이/

e는
소리 나지 않음!

e

모음 a 뒤에 e가 따라오면
a는 자기 이름과 같은 소리가 나고,
e는 소리가 나지 않아요!
그래서 a_e는 a의 이름 소리인 /에이/로 발음해요.

STEP 2 단어 읽기
a_e가 들어간 단어를 잘 듣고 따라 말해요. 161

LOOK & SAY
1 2 3

? **a** ? **e**

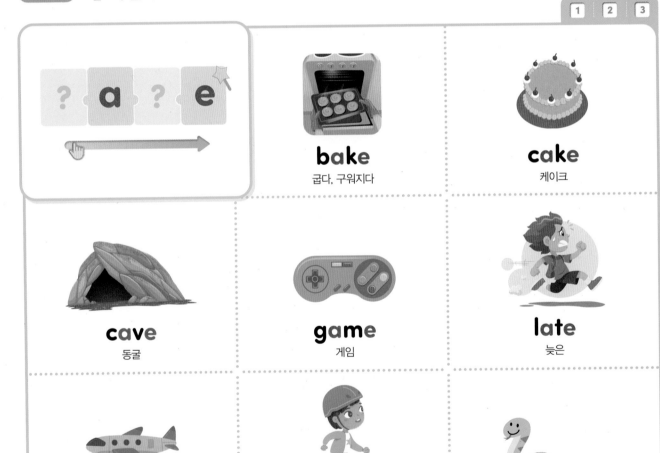

bake
굽다, 구워지다

cake
케이크

cave
동굴

game
게임

late
늦은

plane
비행기

skate
스케이트, 스케이트 타다

snake
뱀

"Come and play with me!"

"Okay!"

"Do you want to play a **game**?

Do you want to **bake** a **cake**?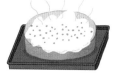

Do you want to **skate**? "

"No, I don't.

I want to catch the **snake** in the **cave**!"

🔍 **Sight Words** come 오다 play 놀다 me 나, 나를, 나에게 okay 응, 그래 don't ~하지 않다

PRACTICE

A 잘 듣고 각 소리를 이어 만들 수 있는 단어에 ∨표 하세요. 🔊164

g a m e

c a k e

B 잘 듣고 소리에 맞는 글자에 연결한 후, 단어를 완성하세요. 🔊165

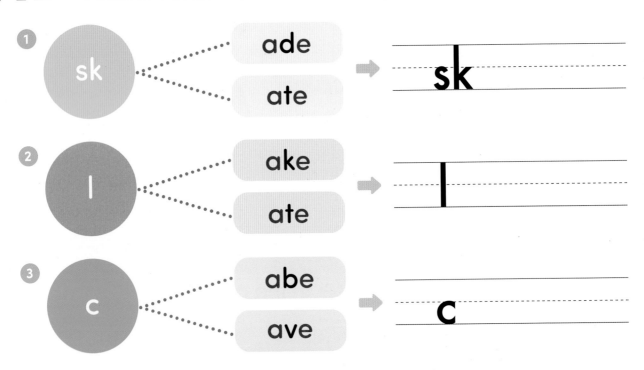

1. sk — ade / ate → sk

2. l — ake / ate → l

3. c — abe / ave → c

C 잘 듣고 필요 <u>없는</u> 글자를 지운 후, 단어를 다시 써 보세요. 🔊166

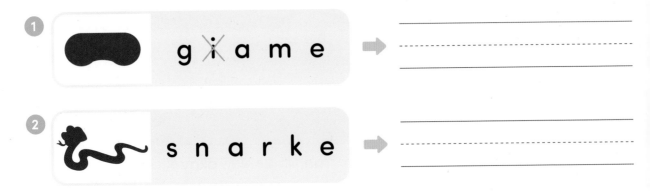

1. g ⨯ a m e →

2. s n a r k e →

D 빈칸을 채워 단어를 완성한 후, 알맞은 사진과 연결하세요.

1 c__k__ ·

2 sk__t__ ·

3 pl__n__ ·

E 그림을 보고 알맞은 단어를 찾아 ○표 한 후 빈칸에 쓰세요.

1

Let's play a _____ !

game   skate

2

Do you want this _____ ?

plane   snake

3

Come to see me in the _____ !

wave   cave

UNIT 32 | i_e

니콜쌤의 친절한 팁 영상과 원어민 음원을 확인해요!

STEP 1
소리 익히기 '모음 i + 자음 + 모음 e'를 이어 발음하는 소리를 들어 보세요. 167

i는
이름 소리로
변신!

/아이/

e는
소리 나지 않음!

모음 i 뒤에 e가 따라오면
i는 자기 이름과 같은 소리가 나고,
e는 소리가 나지 않아요!
그래서 i_e는 i의 이름 소리인 /아이/로 발음해요.

STEP 2
단어 읽기 i_e가 들어간 단어를 잘 듣고 따라 말해요. 168

LOOK & SAY
1 2 3

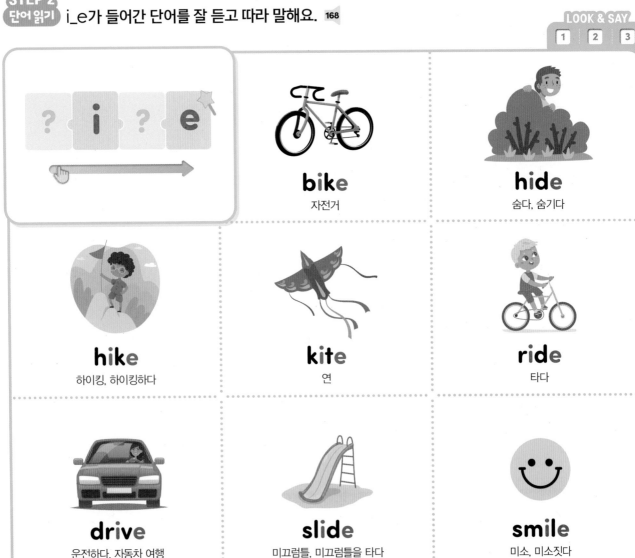

bike
자전거

hide
숨다, 숨기다

hike
하이킹, 하이킹하다

kite
연

ride
타다

drive
운전하다, 자동차 여행

slide
미끄럼틀, 미끄럼틀을 타다

smile
미소, 미소짓다

"Who will **ride** a **bike**?"
"Me! Me!"

"Who will play on the **slide**?"
"Me! Me!"

"Who will go for a **drive**?"
"Me! Me!"

"Then how about a **hike** with me?"
"Ugh! Not me!"

T!P 'How about ～'은
'～는 어때?' 하고 제안할 때 써요.

Sight Words   **will** ～할 것이다   **then** 그러면   **about** ～에 대해   **ugh** 윽

PRACTICE

A 잘 듣고 각 소리를 이어 만들 수 있는 단어에 V표 하세요. 171

○ r i d e   ○ h i k e

B 잘 듣고 소리에 맞는 글자에 연결한 후, 단어를 완성하세요. 172

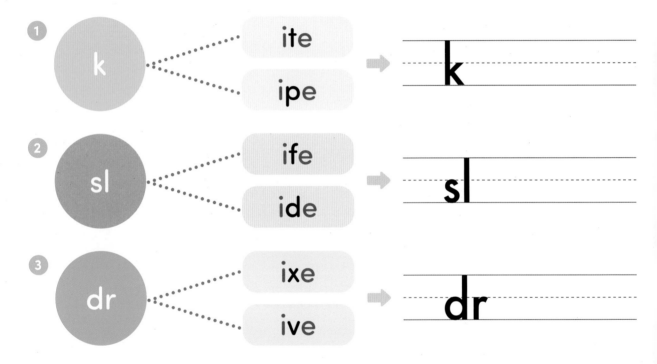

1. k — ite / ipe ➡ k _____
2. sl — ife / ide ➡ sl _____
3. dr — ixe / ive ➡ dr _____

C 잘 듣고 필요 없는 글자를 지운 후, 단어를 다시 써 보세요. 173

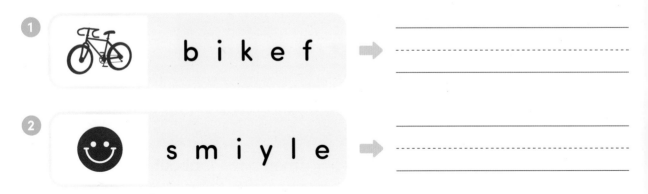

1. b i k e f ➡ _____

2. s m i y l e ➡ _____

D 빈칸을 채워 단어를 완성한 후, 알맞은 사진과 연결하세요.

① h_d__ ·

② r_d__ ·

③ sl_d__ ·

E 그림을 보고 알맞은 단어를 찾아 ○표 한 후 빈칸에 쓰세요.

①

This is my new _____.

smile   bike

②

I will not _____!

drive   hike

③

That is a big _____.

kite   slide

UNIT 33 | o_e

니콜쌤의 친절한
팁 영상과 원어민 음원을
확인해요!

STEP 1
소리 익히기 '모음 o + 자음 + 모음 e'를 이어 발음하는 소리를 들어 보세요. 174

o는
이름 소리로
변신!

/오우/

e는
소리 나지 않음!

모음 o 뒤에 e가 따라오면
o는 자기 이름과 같은 소리가 나고,
e는 소리가 나지 않아요!
그래서 o_e는 o 이름 소리인 /오우/로 발음해요.

STEP 2
단어 읽기 o_e가 들어간 단어를 잘 듣고 따라 말해요. 175

LOOK & SAY
1 2 3

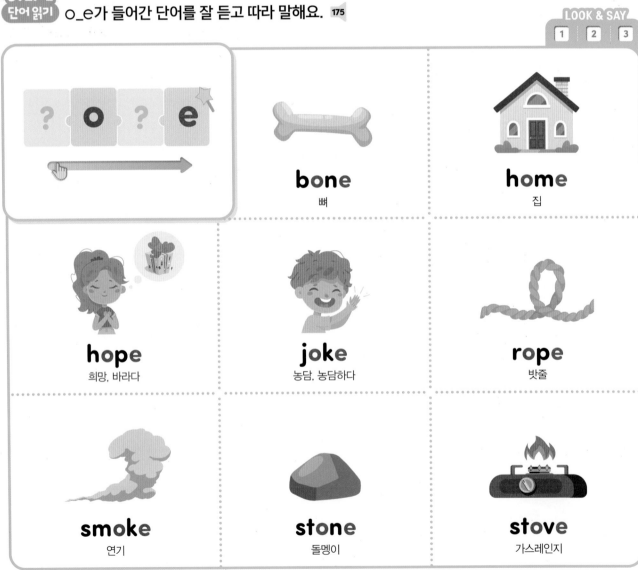

? o ? e

bone
뼈

home
집

hope
희망, 바라다

joke
농담, 농담하다

rope
밧줄

smoke
연기

stone
돌멩이

stove
가스레인지

A dog sees a big **bone**.

"I **hope** I get that **bone**!"

He has a **rope**.

"I will take it **home**!"

He gets the **bone**.

"I did it!"

The dog likes the big **bone** very much.

"I love my **bone**!"

🔍 Sight Words   **take** 가져가다   **did** 했다, 해내다   **very** 매우   **much** 많이

A 잘 듣고 각 소리를 이어 만들 수 있는 단어에 ∨표 하세요. 🔊178

B 잘 듣고 소리에 맞는 글자에 연결한 후, 단어를 완성하세요. 🔊179

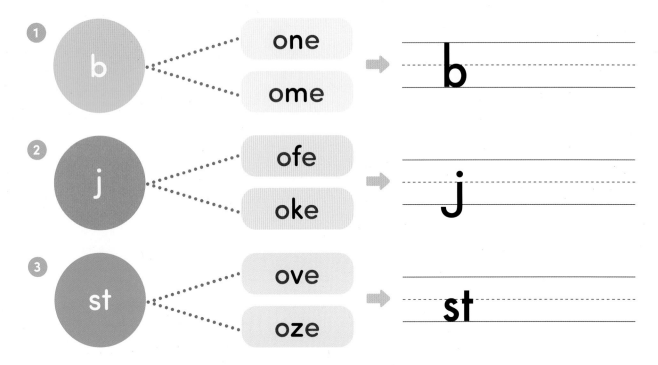

1. b — one / ome → b
2. j — ofe / oke → j
3. st — ove / oze → st

C 잘 듣고 필요 <u>없는</u> 글자를 지운 후, 단어를 다시 써 보세요. 🔊180

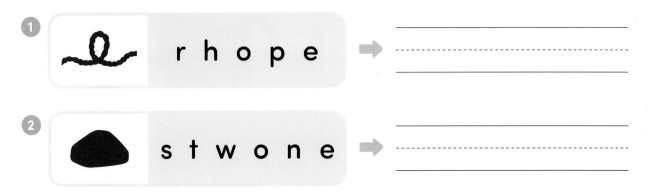

1. r h o p e →
2. s t w o n e →

D 빈칸을 채워 단어를 완성한 후, 알맞은 사진과 연결하세요.

1 h_p__ ·

2 h__m__ ·

3 sm__k__ ·

E 그림을 보고 알맞은 단어를 찾아 ○표 한 후 빈칸에 쓰세요.

1

Let's go _____.

joke   home

2

I like your _____!

stone   stove

3

This _____ is very big!

bone   rope

니콜쌤의 친절한
팁 영상과 원어민 음원을
확인해요!

STEP 1
소리 익히기 '모음 u+자음+모음 e'를 이어 발음하는 소리를 들어 보세요. 181

모음 u_e는 두 가지로 소리 나요!

STEP 2
단어 읽기 u_e가 들어간 단어를 잘 듣고 따라 말해요. 182

LOOK & SAY
1 2 3

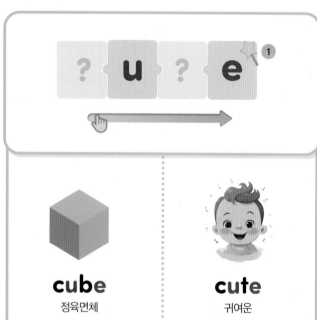

cube
정육면체

cute
귀여운

mule
노새

mute
음소거, 소리 없는

rude
버릇없는

tune
노래, 곡조

flute
플루트

prune
자두

This little **mule** is so good.
She is never **rude**.

She likes to eat **prune**s.

She likes to play with a **cube**.

She likes to play a **tune** with a **flute**.

We love this **cute mule**!

Sight Words

little 작은, 어린 ·   **good** 좋은, 착한   **eat** 먹다

A 잘 듣고 각 소리를 이어 만들 수 있는 단어에 ∨표 하세요. 185

○ c u b e   ○ r u d e

B 잘 듣고 소리에 맞는 글자에 연결한 후, 단어를 완성하세요. 186

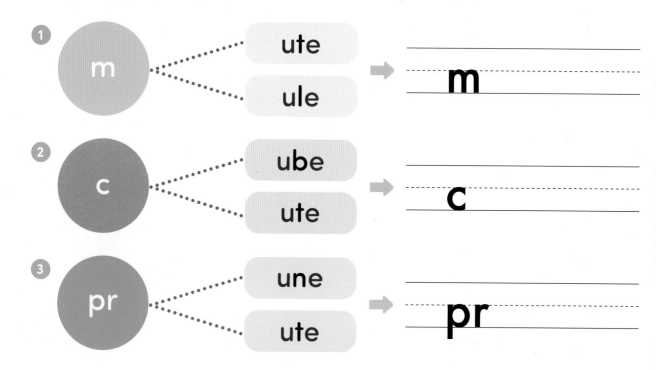

① m — ute / ule → m
② c — ube / ute → c
③ pr — une / ute → pr

C 잘 듣고 필요 <u>없는</u> 글자를 지운 후, 단어를 다시 써 보세요. 187

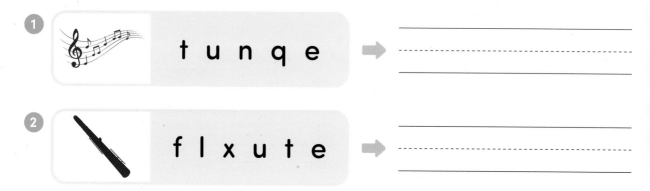

① t u n q e →

② f l x u t e →

D 빈칸을 채워 단어를 완성한 후, 알맞은 사진과 연결하세요.

①  m__t__ •

•

② c__b__ •

•

③ pr__n__ •

•

E 그림을 보고 알맞은 단어를 찾아 ○표 한 후 빈칸에 쓰세요.

①

This _____ is so good.

cube　tune

②

I can play the _____.

prune　flute

③

The little _____ is sad.

rule　mule

PART 5

모음이 두 개인 단어 &
모음과 r이 만난 단어 읽기

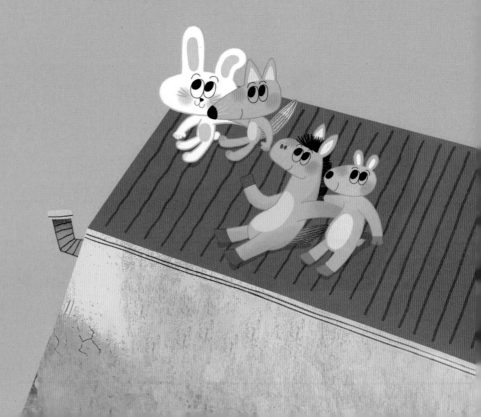

Part 4에서 배운 모음의 새로운 소리가 조금 익숙해졌나요? Part 5에서는 모음 두 개가 나란히 붙어 있는 단어들을 읽어볼 거예요. ai, ee, ea, oa, oo, ui 등과 '모음+자음 r' 로 이루어진 글자 덩어리를 어떻게 발음하는지 배워요. 이 글자 덩어리들은 소리 합치기 (blending)로는 읽을 수 없고 다양한 소리를 내기 때문에 반드시 배워야 단어를 정확히 읽을 수 있어요.

마지막까지 앞에서 배운 내용을 차례대로 기억하면서 다양한 소리를 내는 모음들이 들 어간 단어를 제대로 읽어 봅시다!

snail

chimney

shark

mermaid

UNIT 35 | ai, ay

니콜쌤의 친절한 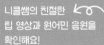 팁 영상과 원어민 음원을 확인해요!

 STEP 1
소리 익히기 모음 ai와 ay의 소리를 들어 보세요. 188

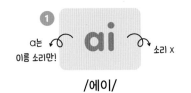

a는 이름 소리만!   ai   소리 X

/에이/

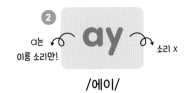

a는 이름 소리만!   ay   소리 X

/에이/

모음 두 개가 나란히 오면 앞의 모음은 자기 이름과 같은 소리가 나고, 뒤의 모음은 소리가 나지 않아요!

그래서 ai와 ay는 앞 모음 a의 이름 소리인 /에이/로 발음해요.

T!P y는 단어 끝에서 종종 모음 역할을 해요!

STEP 2
단어 읽기 ai, ay가 들어간 단어를 잘 듣고 따라 말해요. 189

LOOK & SAY
1 2 3

rain
비, 비가 내리다

tail
꼬리

paint
그림을 그리다, 페인트칠하다

snail
달팽이

day
날, 하루, 낮

lay
(알을) 낳다

say
말하다

pray
기도하다

Rain, rain, go away.
Come again another **day.**

Snails want to **lay** eggs.

Snails want to **paint** with their **tail**s.

They **pray** for no **rain!**
So, **rain, rain,** go away.

Sight Words   **again** 다시   **another** 다른   **their** 그들의   **so** 그래서

PRACTICE

A 잘 듣고 각 소리를 이어 만들 수 있는 단어에 V표 하세요. 🔊192

① ◯ m ‹ ay   ◯ l ‹ ay

② ◯ t ‹ ai ‹ l   ◯ s ‹ ai ‹ l

B 잘 듣고 알맞은 글자를 연결한 후 완성된 단어를 쓰세요. 🔊193

① t ·
   d ·   · ay   ____ay

② tr ·
   pr ·   · ay   _____ay

③ p ·   · nt   _____
                · ai ·
   f ·   · nd   ai_____

C 잘 듣고 주어진 글자로 단어를 완성하세요. 🔊194

① a s y

② a i n l s

D 각 사진이 나타내는 단어를 찾아 ○표 하고 빈칸을 채워 단어를 완성하세요.

① d____

u	t	p	f	l	o
s	y	e	r	v	d
d	r	r	l	a	a
n	a	i	c	x	y
c	i	t	j	u	k
h	n	u	w	v	c
o	k	t	a	i	l
l	f	z	c	z	j

② r____n

③ t___l

④ pr____

E 그림을 보고 알맞은 단어를 찾아 ○표 한 후 빈칸에 쓰세요.

① Hens _____ eggs.

say   lay

② I don't like _____!

snails   paints

③ We _____ for rain.

pray   lay

UNIT 36 | ee, ea, ey

니콜쌤의 친절한
팁 영상과 원어민 음원을
확인해요!

STEP 1
소리 익히기 모음 ee, ea, ey의 소리를 들어 보세요. **195**

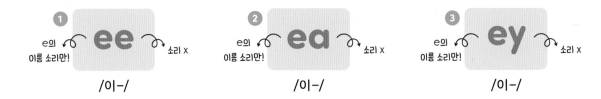

❶ e의 이름 소리만! **ee** 소리 x
/이-/

❷ e의 이름 소리만! **ea** 소리 x
/이-/

❸ e의 이름 소리만! **ey** 소리 x
/이-/

모음 두 개가 나란히 오면 앞의 모음은 자기 이름과 같은 소리가 나고, 뒤의 모음은 소리가 나지 않아요.
그래서 ee, ea, ey는 앞 모음 e의 이름 소리인 /이-/로 발음해요.

TIP y는 단어 끝에서 종종 모음 역할을 해요!

STEP 2
단어 읽기 ee, ea, ey가 들어간 단어를 잘 듣고 따라 말해요. **196**

LOOK & SAY
1 2 3

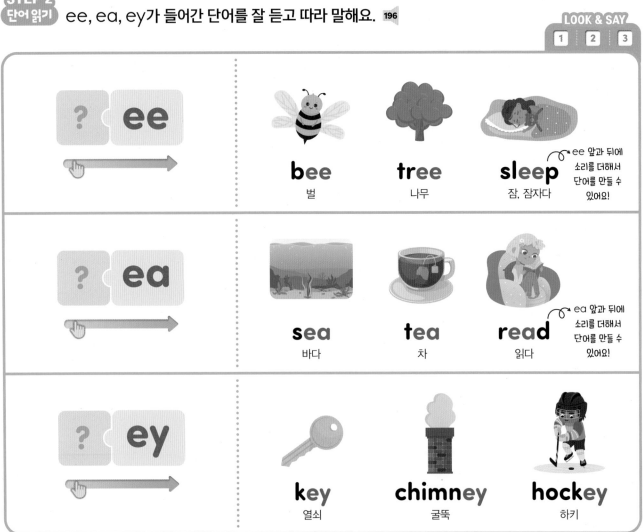

? ee

bee 벌
tree 나무
sleep 잠, 잠자다
↳ ee 앞과 뒤에 소리를 더해서 단어를 만들 수 있어요!

? ea

sea 바다
tea 차
read 읽다
↳ ea 앞과 뒤에 소리를 더해서 단어를 만들 수 있어요!

? ey

key 열쇠
chimney 굴뚝
hockey 하키

There are three **bee**s.

They live in a **tree**.

Two **bee**s make a **chimney**.

One **bee read**s and **sleep**s by the **sea**.

He has cake and **tea**.

The two **bee**s are mad.

"You can't come in!

No **key** for you!"

A 잘 듣고 각 소리를 이어 만들 수 있는 단어에 V표 하세요.

1. ○ b ee   ○ t ea

2. ○ r ea d   ○ k ey

B 잘 듣고 알맞은 글자를 연결한 후 완성된 단어를 쓰세요. 200

1. tr ·   · ee   __ __ ee

   th ·

2. c ·   · ea   __ ea

   t ·

3. chimn ·   · ey   __ __ __ __ ey

   shimn ·

C 잘 듣고 주어진 글자로 단어를 완성하세요. 201

1. e b e

2. c e h k o y

D 각 사진이 나타내는 단어를 찾아 ○표 하고 빈칸을 채워 단어를 완성하세요.

①

sl___p

②

s_____

i	u	w	k	y	s
y	r	e	a	d	o
s	u	i	u	s	g
d	l	f	o	t	i
o	r	e	s	e	a
w	b	s	e	u	c
t	r	e	e	p	h
k	o	t	x	o	w

③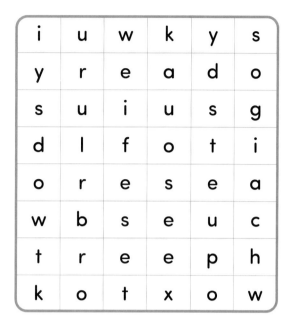

tr_____

④

r_____d

E 그림을 보고 알맞은 단어를 찾아 ○표 한 후 빈칸에 쓰세요.

①

I see three _____.

trees   bees

②

We live by the _____.

sea   tea

③

We play _____.

hockey   chimney

STEP 1
소리 익히기 모음 oe, oa, ow의 소리를 들어 보세요. 202

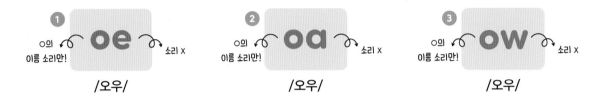

① oe
o의
이름 소리만! 소리 X
/오우/

② oa
o의
이름 소리만! 소리 X
/오우/

③ ow
o의
이름 소리만! 소리 X
/오우/

모음 두 개가 나란히 오면 앞의 모음은 자기 이름과 같은 소리가 나고, 뒤의 모음은 소리가 나지 않아요!

그래서 oe, oa, ow는 앞 모음인 o의 이름 소리인 /오우/로 발음해요.

TIP w는 단어 끝에서 종종 모음 역할을 해요!

STEP 2
단어 읽기 oe, oa, ow가 들어간 단어를 잘 듣고 따라 말해요. 203

LOOK & SAY
1 2 3

? oe

doe
암사슴

foe
적

toe
발가락

? oa ?

boat
작은 배

coat
코트

goal
골, 득점

? ow

blow
불다

slow
느린, 느리게

snow
눈, 눈이 내리다

A **doe** is in a **boat**.

The **boat** is **slow** because of the **snow**.

She puts on a **coat**.

She **blow**s on her hands.

She has cold **toe**s because of the **snow**.

"I want to go home!"

T!P puts on은 '(옷을) 입다'라는 뜻이에요!

Sight Words | **because** ~기 때문에 | **she** 그녀는 | **puts** 얹다, 놓다, 두다 | **her** 그녀의 | **cold** 차가운

PRACTICE

A 잘 듣고 각 소리를 이어 만들 수 있는 단어에 ∨표 하세요. 🔊 **206**

① ○ c oa t   ○ g oa l

② ○ sl ow   ○ bl ow

B 잘 듣고 알맞은 글자를 연결한 후 완성된 단어를 쓰세요. 🔊 **207**

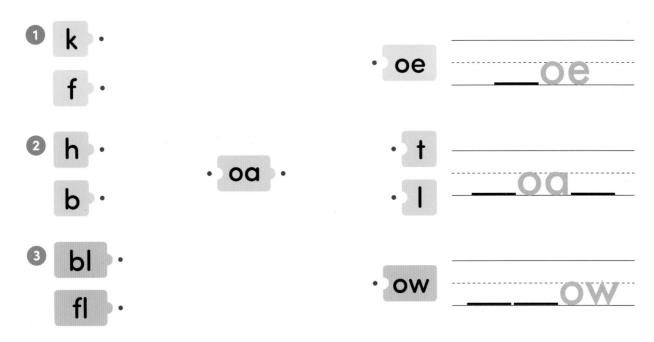

① k ·
f ·
· oe
_____oe

② h ·
b ·
· oa ·
· t
· l
____oa____

③ bl ·
fl ·
· ow
____ow

C 잘 듣고 주어진 글자로 단어를 완성하세요. 🔊 **208**

① e d o

② t o a c

D 각 사진이 나타내는 단어를 찾아 ○표 하고 빈칸을 채워 단어를 완성하세요.

1

d＿＿＿

2

g＿＿l

3

sl＿＿＿

b	a	k	r	a	b
y	s	f	s	t	k
e	w	b	l	u	o
r	g	y	o	l	b
b	o	a	w	a	g
f	a	k	v	r	t
k	l	e	b	y	f
a	h	s	d	o	e

4

b＿＿t

E 그림을 보고 알맞은 단어를 찾아 ○표 한 후 빈칸에 쓰세요.

1

He puts on a ＿＿＿＿＿＿＿＿.

boat　coat

2

I will go ＿＿＿＿＿＿＿.

slow　blow

3

Look at my ＿＿＿＿＿＿＿.

foe　toe

STEP 1
소리 익히기 모음 ue와 ui의 소리를 들어 보세요. 209

①

ue
/우-/

②
ui
/우-/

u_e의 두 가지 소리 기억하죠! u뒤에 모음 e가 오면 글자 u의 이름 소리인 /유우/로 소리 나기도 하고
입술을 쭉 내밀고 /우-/로 소리 나기도 해요. ue도 u_e처럼 /유우/와 /우-/ 두 가지 소리가 나는데
이 책에서는 /우-/ 소리를 배워 보아요. 비슷하게 생긴 ui는 /우-/ 소리가 난답니다.

STEP 2
단어 읽기 ue, ui가 들어간 단어를 잘 듣고 따라 말해요. 210

LOOK & SAY
1 2 3

? ue →

? ui ? →

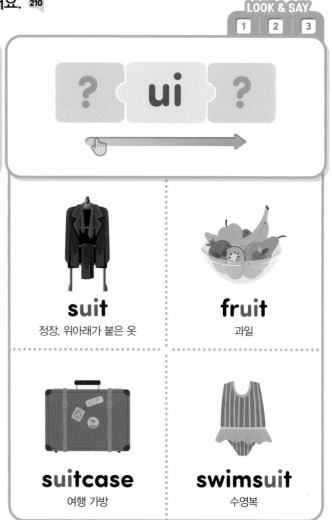

blue
푸른, 파란색

clue
단서, 실마리

suit
정장, 위아래가 붙은 옷

fruit
과일

glue
풀, 접착제

true
진실, 사실

suitcase
여행 가방

swimsuit
수영복

A man got a new **suit**.

He got a **blue** spot on his **suit**.

"Oh, no! What's this on my **suit**?"

A kid came to help.

"It is **fruit** jam. I have a **clue**!"

They saw the jam on the cake.

"It's **true**! Now I know what it is!"

🔍 **Sight Words**   **came** 왔다   **help** 돕다   **now** 이제, 지금   **it's** 그것은 ~이다   **know** 알다

A 잘 듣고 각 소리를 이어 만들 수 있는 단어에 ∨표 하세요. 🔊213

① ⚪ cl ue   ⚪ gl ue

② ⚪ s ui t   ⚪ fr ui t

B 잘 듣고 알맞은 글자를 연결한 후 완성된 단어를 쓰세요. 🔊214

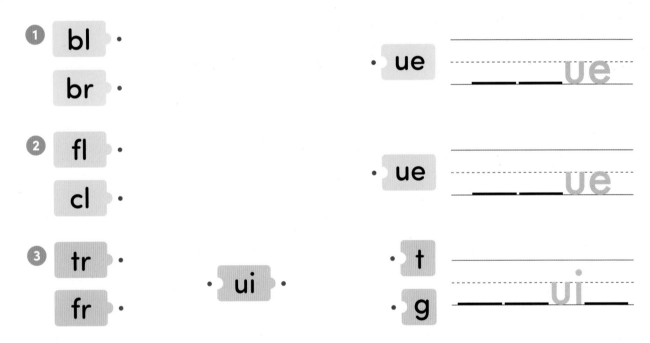

① bl ·   · ue _____ue
  br ·

② fl ·   · ue _____ue
  cl ·

③ tr ·   · t
       · ui ·
  fr ·   · g _____ui___

C 잘 듣고 단어의 <u>틀린</u> 부분을 찾아 바르게 고치세요. 🔊215

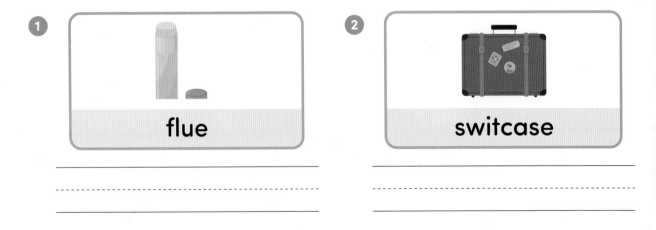

① flue

② switcase

D 각 사진이 나타내는 단어를 찾아 ○표 하고 빈칸을 채워 단어를 완성하세요.

①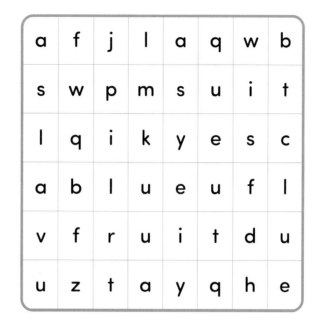

bl____

a	f	j	l	a	q	w	b
s	w	p	m	s	u	i	t
l	q	i	k	y	e	s	c
a	b	l	u	e	u	f	l
v	f	r	u	i	t	d	u
u	z	t	a	y	q	h	e

②

cl_____

③

fr____t

④

s____t

E 그림을 보고 알맞은 단어를 찾아 ○표 한 후 빈칸에 쓰세요.

①

Look at my new _____!

fruit   swimsuit

②

I have a _____ suitcase.

blue   clue

③

Do you have _____?

clue   glue

STEP 1 소리 익히기 모음 oo의 두 가지 소리를 들어 보세요. 216

/우-/

/으/

oo는 두 가지 소리를 갖고 있어요. 입술을 쭉 내밀고 /우-/로 소리 나기도 하고
입술을 살짝만 벌리고 짧게 /으/로 발음하기도 해요.

STEP 2 단어 읽기 oo가 들어간 단어를 잘 듣고 따라 말해요. 217

LOOK & SAY
1 2 3

oo 앞과 뒤에
소리를 더해서
단어를 만들 수
있어요!

zoo
동물원

moon
달

book
책

cook
요리하다, 요리사

tooth
이(한 개)

spoon
숟가락

look
보다, 보이다

foot
발

Do you know us?

We don't live in a **zoo**.

We read **book**s like you.

We **cook** and eat with a **spoon**.

We like to **look** at the **moon**.

Come and find us!

T!P like는 '좋아하다'라는 뜻도 있지만 '~ 같은'이라는 뜻도 있어요.

Sight Words | **us** 우리들을 | **like** ~ 같은 | **find** 찾다

A 잘 듣고 각 소리를 이어 만들 수 있는 단어에 ∨표 하세요. 220

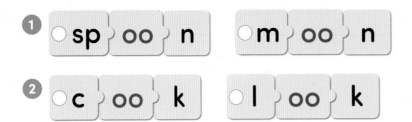

① ○ sp oo n   ○ m oo n

② ○ c oo k   ○ l oo k

B 잘 듣고 알맞은 글자를 연결한 후 완성된 단어를 쓰세요. 221

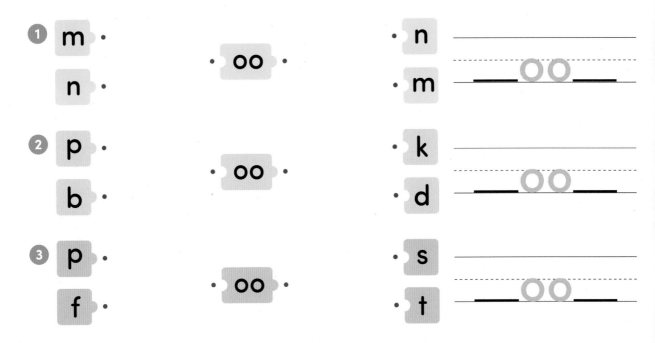

① m ·   · oo ·   · n
   n ·   · m

② p ·   · oo ·   · k
   b ·   · d

③ p ·   · oo ·   · s
   f ·   · t

C 잘 듣고 단어의 <u>틀린</u> 부분을 찾아 바르게 고치세요. 222

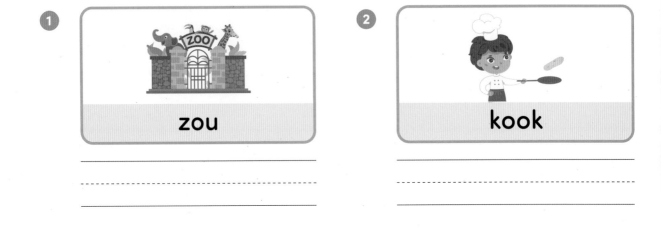

① zou

② kook

D 각 사진이 나타내는 단어를 찾아 ○표 하고 빈칸을 채워 단어를 완성하세요.

①

e	n	b	o	o	k	y	e
j	c	a	b	t	o	h	u
k	o	o	o	z	o	r	f
m	z	u	o	o	a	y	o
c	k	z	m	k	k	y	o
f	i	r	m	o	o	n	t

bo____

②

____oo____

③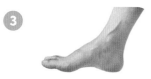

____o____t

④

c_____k

E 그림을 보고 알맞은 단어를 찾아 ○표 한 후 빈칸에 쓰세요.

①

Look at the _____.

zoo   moon

②

I can eat with a _____.

spoon   zoo

③

I want to find a _____.

book   foot

UNIT 40 | oi, oy

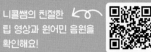

STEP 1
소리 익히기 모음 oi와 oy의 소리를 들어 보세요. 223

1 oi
/오이/

2 oy ↷ y는 단어 끝에서
종종 모음 역할을 해요!
/오이/

oi와 oy는 모양은 조금 다르지만 소리는 같아요! /오이/를 한 박자에 빠르게 발음해요.

STEP 2
단어 읽기 oi, oy가 들어간 단어를 잘 듣고 따라 말해요. 224

LOOK & SAY
1 2 3

oi ? ↷ oi 앞과 뒤에
소리를 더해서
단어를 만들 수
있어요!

oil
기름

coin
동전

boil
끓다

point
가리키다

? oy

boy
남자아이

joy
기쁨, 환희

soy
콩(대두)

toy
장난감

A **boy** **boil**s **soy** milk in a pot.

"I need more **oil**."

He gets a **coin** and goes to a shop.

He sees a **toy** truck.

"A **toy** truck! I love it!"

He jumps for **joy**.

He gets home late.

"Oh, no! It is all gone!"

🔍 **Sight Words** | **need** ~를 필요로 하다 　 **more** 더 많은 　 **goes** 가다 　 **gone** 없어진

PRACTICE

A 잘 듣고 각 소리를 이어 만들 수 있는 단어에 V표 하세요. 🔊227

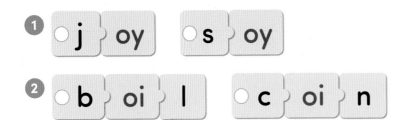

① ○ j oy   ○ s oy

② ○ b oi l   ○ c oi n

B 잘 듣고 알맞은 글자를 연결한 후 완성된 단어를 쓰세요. 🔊228

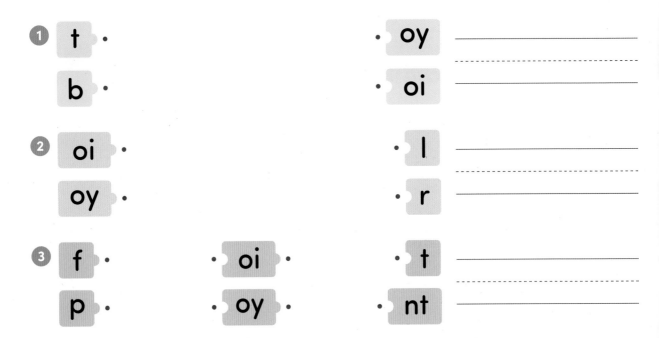

① t ·   · oy _____

b ·   · oi _____

② oi ·   · l _____

oy ·   · r _____

③ f ·   · oi ·   · t _____

p ·   · oy ·   · nt _____

C 잘 듣고 단어의 틀린 부분을 찾아 바르게 고치세요. 🔊229

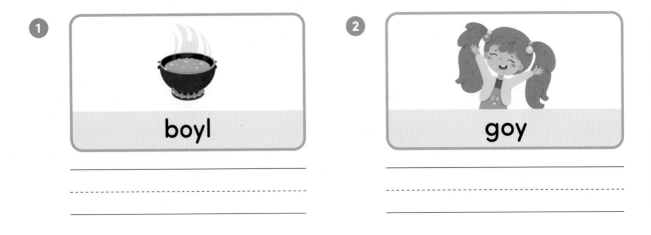

① boyl _____

② goy _____

D 각 사진이 나타내는 단어를 찾아 ○표 하고 빈칸을 채워 단어를 완성하세요.

①

c___ ___n

a	m	t	c	b	e	o	l
f	b	t	o	e	g	t	i
y	g	h	i	y	g	h	z
p	k	v	n	o	i	l	q
b	o	y	t	t	o	i	m
f	e	y	d	o	e	f	j

②

___ ___ y

③

b___ ___ ___

④

___ i ___ ___

E 그림을 보고 알맞은 단어를 찾아 ○표 한 후 빈칸에 쓰세요.

①

My _____ is gone!

toy   boy

②

Can I have more _____s?

oil   coin

③

We need to _____ it.

point   boil

UNIT 41 | ou&ow, au&aw

니콜쌤의 친절한 팁 영상과 원어민 음원을 확인해요!

STEP 1
소리 익히기 모음 ou와 ow, au와 aw의 소리를 들어 보세요. 🔊 230

1
ou
/아우/

ow
/아우/

ou, ow는 모양은 조금 다르지만 소리는 같아요!
/아우/를 한 박자에 빠르게 발음해요.

2
au
/(아)오/

aw
/(아)오/

au, aw도 모양은 조금 다르지만 소리는 같아요!
입 모양은 (아) 하고 벌리고 목에서 소리는 /오/ 하고 내요.

STEP 2
단어 읽기 ou와 ow, au와 aw가 들어간 단어를 잘 듣고 따라 말해요. 🔊 231

LOOK & SAY
1 2 3

? **ou** ?

mouth
입

cloud
구름

? **ow**

cow
젖소

owl
부엉이

ow 뒤에 소리를 더해서 단어를 만들 수 있어요!

? **au** ?

haunt
귀신이 나오다

fault
잘못

? **aw**

claw
동물의 날카로운 발톱, 집게발

draw
그림을 그리다

"Look at this **cloud**!
It looks like an **owl** with wings."

"Look at that **cloud**!
It looks like a cat with **claw**s."

"Do you see the **cloud** over there?
It looks like a **cow** with a big **mouth**."

"Oh! It is not a **cloud**!
It is a real **cow**! Run!"

T!P looks는 뒤에 like가 오면 '~처럼 보이다'라는 뜻이 돼요.

🔍 Sight Words
| looks 보이다 | over 너머, 건너 | real 진짜의 |

PRACTICE

A 잘 듣고 각 소리를 이어 만들 수 있는 단어에 ∨표 하세요. 🔊234

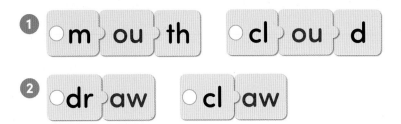

① ○ m ou th   ○ cl ou d

② ○ dr aw   ○ cl aw

B 잘 듣고 알맞은 첫소리, 중간 소리, 끝소리를 찾아 단어를 완성하세요. 🔊235

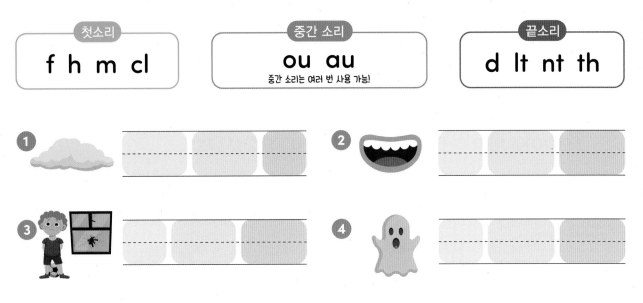

첫소리	중간 소리	끝소리
f h m cl	ou au 중간 소리는 여러 번 사용 가능!	d lt nt th

① ② ③ ④

C 잘 듣고 공통된 글자를 써서 단어를 완성하세요. 🔊236

① ＿＿＿l
c＿＿＿

② dr＿＿＿
cl＿＿＿

D 각 사진이 나타내는 단어를 찾아 연결한 후, 빈칸을 채워 단어를 완성하세요.

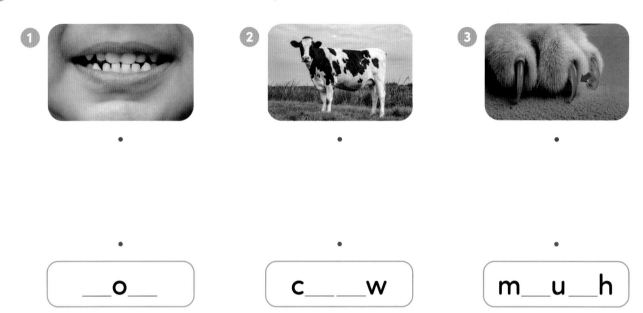

① ___o___

② c___w

③ m___u___h

E 그림을 보고 알맞은 단어를 찾아 ○표 한 후 빈칸에 쓰세요.

① There is a _____.

mouth   cloud

② You _____ better than me.

draw   claw

③ This is my _____.

haunt   fault

UNIT 42 | ar, or

니콜쌤의 친절한 팁 영상과 원어민 음원을 확인해요!

STEP 1
소리 익히기 모음 a와 o 뒤에 r을 이어 발음하는 소리를 들어 보세요. 237

① **ar**
/아얼/

② **or**
/오얼/

모음 뒤에 r이 붙으면 모음의 소리가 바뀌어요. 모음 a는 /애/ 또는 /에이/ 하고 소리 내지만,
ar은 한 덩어리로 /아얼/로 발음해요. 모음 o는 /아/ 또는 /오우/ 하고 소리 내지만, or은 /오얼/로 발음해요.

STEP 2
단어 읽기 ar, or이 들어간 단어를 잘 듣고 따라 말해요. 238

LOOK & SAY
1 2 3

? **ar**
↪ ar 앞과 뒤에 소리를 더해서 단어를 만들 수 있어요!

star
별

dark
어두운

smart
똑똑한

shark
상어

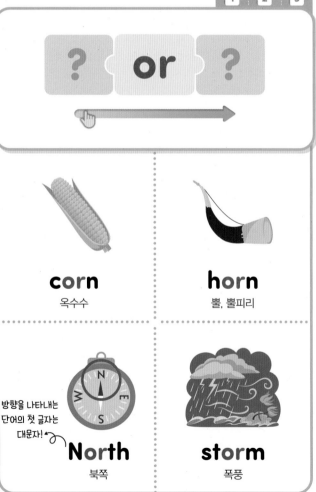

? **or** **?**

corn
옥수수

horn
뿔, 뿔피리

방향을 나타내는 단어의 첫 글자는 대문자! ↪

North
북쪽

storm
폭풍

A boy is lost in the sea.
It's **dark** and there's a **storm**.

But he is with a **smart shark**.
The **shark** knows where to go.
The **shark** finds the **North Star** for him.

The boy blows a **horn** with joy.
"Now I know where to go!
 Thank you, **Shark**!"

Sight Words

lost 잃다   knows 알다   where 어디에

A 잘 듣고 각 소리를 이어 만들 수 있는 단어에 V표 하세요. 🔊241

① ○ sm · ar · t   ○ d · ar · k

② ○ h · or · n   ○ c · or · n

B 잘 듣고 알맞은 첫소리, 중간 소리, 끝소리를 찾아 단어를 완성하세요. 🔊242

첫소리	중간 소리	끝소리
c d sh st	ar or 중간 소리는 여러 번 사용 가능!	k k m n

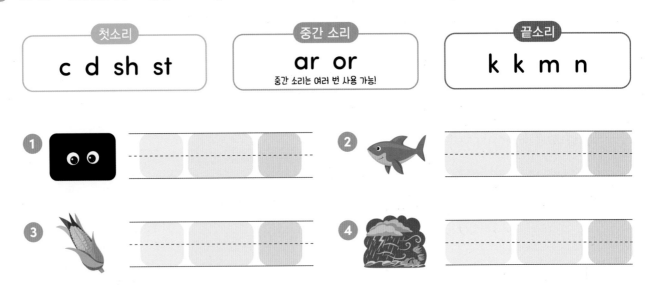

C 잘 듣고 공통된 글자를 써서 단어를 완성하세요. 🔊243

① sm＿＿＿t
st＿＿＿

② N＿＿th
h＿＿n

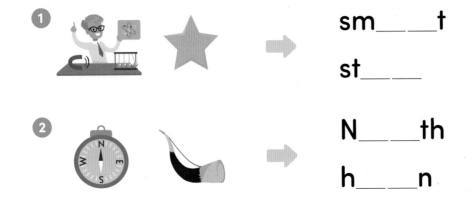

D 각 사진이 나타내는 단어를 찾아 연결한 후, 빈칸을 채워 단어를 완성하세요.

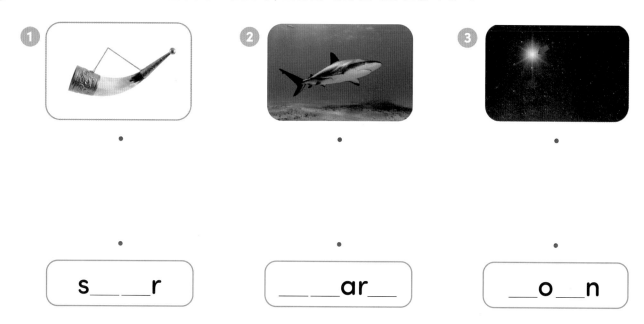

① s___r

② ___ar___

③ __o__n

E 그림을 보고 알맞은 단어를 찾아 ○표 한 후 빈칸에 쓰세요.

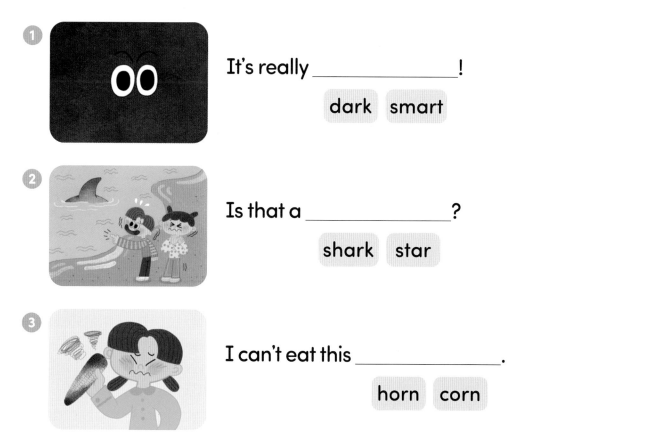

① It's really _____!

dark   smart

② Is that a _____?

shark   star

③ I can't eat this _____.

horn   corn

UNIT 43 | er, ir, ur

니콜쌤의 친절한 팁 영상과 원어민 음원을 확인해요!

STEP 1
소리 익히기 모음 e, i, u 뒤에 r을 이어 발음하는 소리를 들어 보세요. 🔊244

① **er**
/얼/

② **ir**
/얼/

③ **ur**
/얼/

모음 뒤에 r이 붙으면 모음의 소리가 바뀌어요. e, i, u 모두 r과 만나면 모음 u의 소리인 /어/와 비슷한 소리로 변해요. 그래서 er, ir, ur은 모양은 다르지만 모두 똑같이 /얼/ 하고 소리 내요.

STEP 2
단어 읽기 er, ir, ur이 들어간 단어를 잘 듣고 따라 말해요. 🔊245

LOOK & SAY
① ② ③

? er →

faster
더 빠른

player
운동선수

mermaid
인어

er 앞과 뒤에 소리를 더해서 단어를 만들 수 있어요!

? ir ? →

bird
새

girl
여자아이

birthday
생일

? ur ? →

hurt
다치게 하다, 다친

surf
파도 타다

nurse
간호사

단어 끝에 오는 e는 종종 소리가 나지 않아요.

💡 긴 단어는 작은 부분으로 나누면 쉽게 읽을 수 있어요.
fast·er play·er mer·maid birth·day

A **girl** sees a **bird** under a tree.
Its wing is **hurt**.
"I'll get you to a **nurse**."

The **girl** sees three soccer **player**s.
One can run **faster** than the others.
He falls and **hurt**s his leg.
"I'll get you to a **nurse**."

The **girl** likes to help others.
She is a good **girl**.

Sight Words   its 그것의   I'll ~할 것이다   soccer 축구   others 다른 사람들, 다른 것들   falls 넘어지다

PRACTICE

A 잘 듣고 각 소리를 이어 만들 수 있는 단어에 V표 하세요. 🔊 248

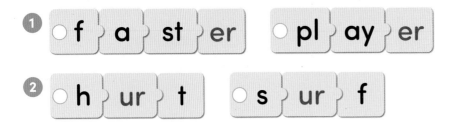

① ○ f ⟩ a ⟩ st ⟩ er   ○ pl ⟩ ay ⟩ er

② ○ h ⟩ ur ⟩ t   ○ s ⟩ ur ⟩ f

B 잘 듣고 알맞은 첫소리, 중간 소리, 끝소리를 찾아 단어를 완성하세요. 🔊 249

첫소리	중간 소리	끝소리
s h g b	ir ur 중간 소리는 여러 번 사용 가능!	d f l t

① ② ③ ④

C 잘 듣고 공통된 글자를 써서 단어를 완성하세요. 🔊 250

① fast_____

m_____maid

② g_____l

b_____thday

D 각 사진이 나타내는 단어를 찾아 연결한 후, 빈칸을 채워 단어를 완성하세요.

① __ir__

② n____se

③ ____ayer

E 그림을 보고 알맞은 단어를 찾아 ○표 한 후 빈칸에 쓰세요.

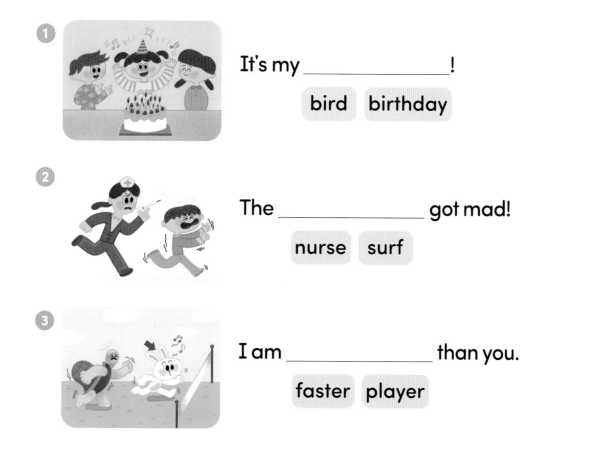

① It's my _____!

bird   birthday

② The _____ got mad!

nurse   surf

③ I am _____ than you.

faster   player

추가로 알면 도움되는 파닉스 규칙

Part 1부터 Part 5까지 여러가지 파닉스 규칙들을 배우면서 많은 영어 단어를 스스로 읽을 수 있게 되었죠? 부록에는 추가로 알면 도움되는 파닉스 규칙들을 모았어요. 본책에서 배운 규칙들만으로도 영어 읽기에 대한 자신감을 얻었을 테지만, 여기 부록에 있는 규칙들까지 마스터한다면 교과서의 그 어떤 단어를 만나도 거침없이 읽을 수 있을 거예요! 새로운 규칙을 적용하며 영어 읽기에 더욱 재미를 느끼는 우리 친구들이 되길 바라요!

글자는 두 개지만 소리는 하나!

CHECK!

-ck
/ㅋ/

같은 소리 나는 글자 두 개가 나란히 올 때는 글자의 소리를 한 번만 내요. ck의 c와 k는 둘 다 /ㅋ/ 소리가 나지요? 그래서 ck는 /ㅋㅋ/가 아니라 /ㅋ/로 한 번만 소리 내요.

· 다음 단어들을 따라 읽어 보세요. 251

back	**duck**	**neck**	**rock**	**sick**
/ㅋ/	/ㅋ/	/ㅋ/	/ㅋ/	/ㅋ/
뒤, 등	오리	목	바위	아픈

CHECK!

qu-
/ㅋ워/

글자는 두 개지만 소리는 하나만 나는 두 글자 덩어리들이 있는데, qu도 그 중 하나예요. qu에서 u는 소리가 나지 않아서 그냥 q만 있는 것과 똑같이 발음한답니다. 우리가 만나는 대부분의 단어는 q뒤에 u가 꼭 붙어 있어요. 그래서 qu-는 한 덩어리, 혹은 짝꿍이라고 생각해도 좋아요.

· 다음 단어들을 따라 읽어 보세요. 252

quit	**quiz**	**quack**	**quick**
/ㅋ워/	/ㅋ워/	/ㅋ워/	/ㅋ워/
그만두다	퀴즈	꽥꽥(오리 소리), 꽥꽥 소리를 내다	빠른

CHECK!

kn-
/은-/

두 글자 덩어리 kn은 앞의 k가 묵음(소리가 나지 않는 음)이에요. 그래서 kn은 n의 소리만 내면 된답니다.

· 다음 단어들을 따라 읽어 보세요. 253

knob	knot	knock	knit
/은-/	/은-/	/은-/	/은-/
손잡이	매듭, 매듭을 묶다	노크하다	뜨개질 하다

CHECK!

wr-
/얼-/

두 글자 덩어리 wr도 앞의 w가 묵음이라 r소리만 내요.

· 다음 단어들을 따라 읽어 보세요. 254

wrap	wrist	wreck
/얼-/	/얼-/	/얼-/
포장하다	손목	난파선

CHECK!

-le
/을-/

단어 끝에서 자주 볼 수 있는 le는 e 소리 없이 l 소리만 내요. 단어 끝의 e는 발음하지 않을 때가 많답니다.

· 다음 단어들을 따라 읽어 보세요. 모두 2음절(박자) 단어들이에요. 255

ap·ple	bot·tle	bub·ble	lit·tle
/을-/	/을-/	/을-/	/을-/
사과	병	거품, 비누 방울	작은, 어린

CHECK!

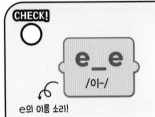

/이-/

e의 이름 소리!

모음(a, e, i, o, u) 뒤에 e가 따라오면 앞의 모음은 자기 이름과 같은 소리가 나고, 뒤의 e는 소리가 나지 않는다는 규칙, 기억하죠? e_e 역시 마찬가지예요. 앞의 e는 자기 이름 소리인 /이-/로 발음하고, 뒤의 e는 소리 내지 않아요.

· 다음 단어들을 따라 읽어 보세요. 256

eve	even	Pete	Steve
/이-/	/이-/	/이-/	/이-/
전날	평평한, 동일한		

Pete와 Steve는 남자 이름이에요.
이름의 첫 글자는 대문자로 쓴답니다.

CHECK!

/에이/

a의 이름 소리!

복잡해 보이는 eigh에는 글자 a가 없지만 a의 이름과 같은 소리가 나요. ei가 모여 /에이/ 소리를 내고, gh는 소리가 안 난답니다. /에이/ 하고 한 박자에 소리 내요.

· 다음 단어들을 따라 읽어 보세요. 257

eight	neigh	sleigh	weight
/에이/	/에이/	/에이/	/에이/
8, 여덟(의)	(말이 히이잉) 울다	썰매	무게

CHECK!

ea
/에/

모음 두 개가 만난 ea는 규칙에 따라 e의 이름 소리인 /이-/로 발음 했었죠. 하지만 e가 하나일 때 소리처럼 /에/ 하고 짧게 소리 내기도 해요.

· 다음 단어들을 따라 읽어 보세요. 258

head	dead	bread	health
/에/	/에/	/에/	/에/
머리	죽은	빵	건강

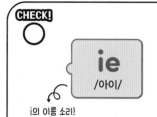

CHECK!

ie /아이/

i의 이름 소리!

모음(a, e, i, o, u) 두 개가 나란히 오면 앞의 모음은 자기 이름과 같은 소리가 나고, 뒤의 모음은 소리가 나지 않는다는 규칙, 기억하죠? ie도 마찬가지예요. 앞의 모음 i는 이름 소리인 /아이/로 소리 나고, 뒤의 모음 e는 소리 내지 않지요.

· 다음 단어들을 따라 읽어 보세요. 259

pie	**tie**	**die**	**lie**
/아이/	/아이/	/아이/	/아이/
파이	묶다, 넥타이	죽다	거짓말 하다, 눕다

CHECK!

igh /아이/

i의 이름 소리!

글자 덩어리 igh에서 i는 자기 이름처럼 /아이/ 하고 소리를 내고, gh는 소리가 안 난답니다. /아이/ 하고 한 박자에 소리 내요.

· 다음 단어들을 따라 읽어 보세요. 260

high	**sigh**	**night**	**fight**
/아이/	/아이/	/아이/	/아이/
높은	한숨	밤	싸우다

CHECK!

ind /아인ㄷ/

글자 덩어리 ind에서의 i는 자기 이름처럼 /아이/ 하고 소리 나요. i는 /아이/ 하고 한 박자에 소리 낸 후 nd의 소리인 /은ㄷ/를 연결해서 읽으면 ind를 정확하게 발음할 수 있어요.

· 다음 단어들을 따라 읽어 보세요. 261

find	**kind**	**mind**	**blind**
/아인ㄷ/	/아인ㄷ/	/아인ㄷ/	/아인ㄷ/
찾다	착한	마음	눈이 먼

  끝소리는 약하게 내는 게 자연스러워요!

old
/오울ㄷ/

글자 덩어리 old에서의 o는 자기 이름처럼 /오우/ 하고 소리 나요. o는 /오우-/ 하고 한 박자에 소리 낸 후 ld의 소리인 /을ㄷ/를 연결해서 읽으면 old를 정확하게 발음할 수 있어요.

· 다음 단어들을 따라 읽어 보세요. 262

old	cold	gold	hold
/오울ㄷ/	/오울ㄷ/	/오울ㄷ/	/오울ㄷ/
나이 든	추운	금	잡고 있다

TIP 끝소리는 약하게 내는 게 자연스러워요!

ew
/유우/ 또는 /우-/

u의 이름 소리!

두 글자 덩어리 ew는 u가 없지만 u_e, ue, ui와 같이 /유우/ 또는 /우-/ 하고 발음해요.

· 다음 단어들을 따라 읽어 보세요. 263

few	dew	grew	flew
/유우/	/우-/	/우-/	/우-/
많지 않은	이슬	grow의 과거 자랐다	fly의 과거 날았다

---

all
/(아)오을/

모음 a의 두 가지 소리, /애-/와 /에이/는 잘 알고 있지요? 그런데 a와 l이 만나면 a의 소리가 달라지기도 해요. 입은 (아) 하고 벌리고 목에 힘을 꽉 준 채로 /오/ 하고 소리 낸 후, l의 소리인 /을-/을 연결해서 읽으면 all을 정확하게 발음할 수 있어요.

· 다음 단어들을 따라 읽어 보세요. 264

ball	call	small
/(아)오을/	/(아)오을/	/(아)오을/
공	부르다	작은

alk
/(아)오ㅋ/

alk의 a를 발음할 때도 입 모양은 (아) 하고 소리는 /오/ 하고 내요. 기억할 것 하나 더! alk의 l은 묵음이랍니다. 그래서 a의 달라진 소리에 k의 소리만 연결해서 읽으면 alk를 정확하게 발음할 수 있어요.

· 다음 단어들을 따라 읽어 보세요. 🔊265

talk	walk	chalk
/(아)오ㅋ/	/(아)오ㅋ/	/(아)오ㅋ/
말하다	걷다	분필

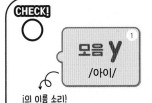

모음 y ①
/아이/

i의 이름 소리!

단어의 첫 글자 y는 자음이지만, 단어의 마지막 글자 y는 대부분 모음의 역할을 해요. 1음절(박자) 단어의 마지막에 오는 모음 y는 모음 i의 이름과 같이 /아이/ 소리를 낸답니다.

· 다음 단어들을 따라 읽어 보세요. 🔊266

sky	cry	dry	fly
/아이/	/아이/	/아이/	/아이/
하늘	울다	건조한	날다

모음 y ②
/이-/

e의 이름 소리!

2음절(박자) 단어의 마지막에 오는 모음 y는 e의 이름과 같이 /이-/ 소리가 나요.

· 다음 단어들을 따라 읽어 보세요. 🔊267

can·dy	jel·ly	hap·py	ug·ly
/이-/	/이-/	/이-/	/이-/
사탕	젤리	행복한	못생긴

 끝소리 y는 너무 길게 내지 않는 것이 자연스러워요!

• 영어에서는 단어 뒤에 s나 es를 더해 '둘 이상 여럿'을 나타내기도 해요.

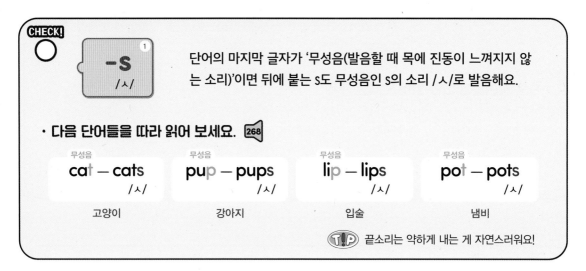

CHECK!

-s /ㅅ/ ①

단어의 마지막 글자가 '무성음(발음할 때 목에 진동이 느껴지지 않는 소리)'이면 뒤에 붙는 s도 무성음인 s의 소리 /ㅅ/로 발음해요.

• 다음 단어들을 따라 읽어 보세요. 268

무성음	무성음	무성음	무성음
cat – cats /ㅅ/	pup – pups /ㅅ/	lip – lips /ㅅ/	pot – pots /ㅅ/
고양이	강아지	입술	냄비

T!P 끝소리는 약하게 내는 게 자연스러워요!

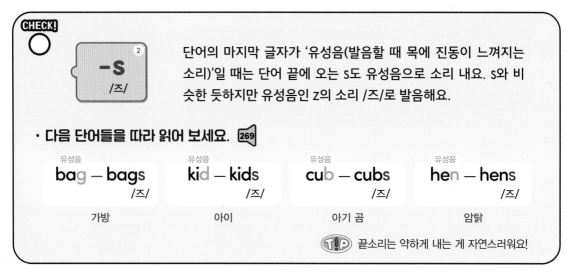

CHECK!

-s /즈/ ②

단어의 마지막 글자가 '유성음(발음할 때 목에 진동이 느껴지는 소리)'일 때는 단어 끝에 오는 s도 유성음으로 소리 내요. s와 비슷한 듯하지만 유성음인 z의 소리 /즈/로 발음해요.

• 다음 단어들을 따라 읽어 보세요. 269

유성음	유성음	유성음	유성음
bag – bags /즈/	kid – kids /즈/	cub – cubs /즈/	hen – hens /즈/
가방	아이	아기 곰	암탉

T!P 끝소리는 약하게 내는 게 자연스러워요!

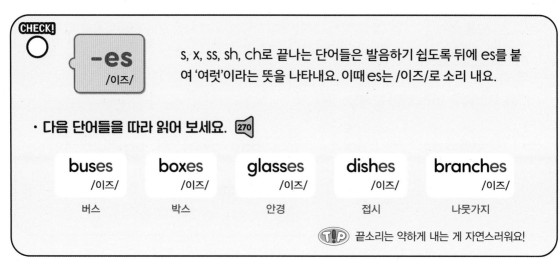

CHECK!

-es /이즈/

s, x, ss, sh, ch로 끝나는 단어들은 발음하기 쉽도록 뒤에 es를 붙여 '여럿'이라는 뜻을 나타내요. 이때 es는 /이즈/로 소리 내요.

• 다음 단어들을 따라 읽어 보세요. 270

| buses /이즈/ | boxes /이즈/ | glasses /이즈/ | dishes /이즈/ | branches /이즈/ |
| 버스 | 박스 | 안경 | 접시 | 나뭇가지 |

T!P 끝소리는 약하게 내는 게 자연스러워요!

- 영어에서는 동사(동작을 나타내는 말) 뒤에 ed를 붙여 '~했다'라는 '과거'의 뜻을 나타낼 수 있어요. 이때 ed는 세 가지로 다르게 소리 난답니다.

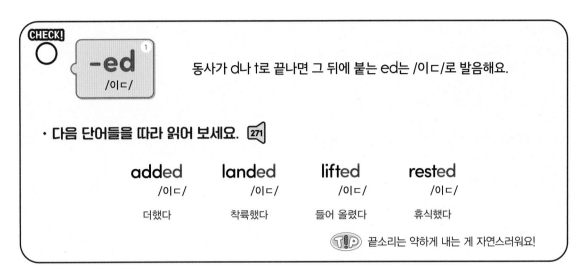

CHECK!

-ed /이드/

동사가 d나 t로 끝나면 그 뒤에 붙는 ed는 /이드/로 발음해요.

· 다음 단어들을 따라 읽어 보세요. 271

added	landed	lifted	rested
/이드/	/이드/	/이드/	/이드/
더했다	착륙했다	들어 올렸다	휴식했다

TIP 끝소리는 약하게 내는 게 자연스러워요!

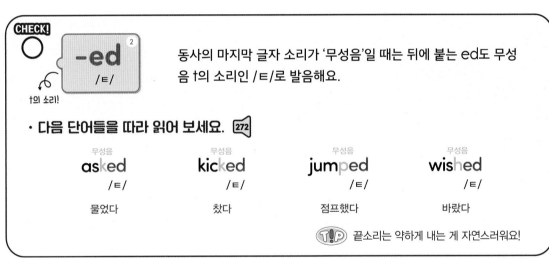

CHECK!

-ed /ㅌ/

t의 소리!

동사의 마지막 글자 소리가 '무성음'일 때는 뒤에 붙는 ed도 무성음 t의 소리인 /ㅌ/로 발음해요.

· 다음 단어들을 따라 읽어 보세요. 272

무성음 asked	무성음 kicked	무성음 jumped	무성음 wished
/ㅌ/	/ㅌ/	/ㅌ/	/ㅌ/
물었다	찼다	점프했다	바랐다

TIP 끝소리는 약하게 내는 게 자연스러워요!

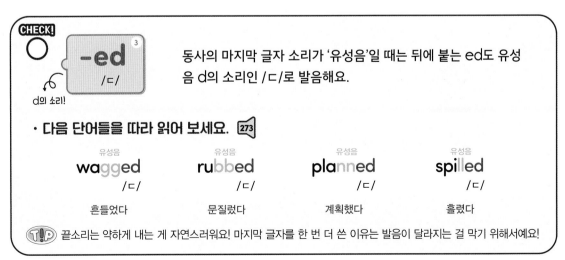

CHECK!

-ed /ㄷ/

d의 소리!

동사의 마지막 글자 소리가 '유성음'일 때는 뒤에 붙는 ed도 유성음 d의 소리인 /ㄷ/로 발음해요.

· 다음 단어들을 따라 읽어 보세요. 273

유성음 wagged	유성음 rubbed	유성음 planned	유성음 spilled
/ㄷ/	/ㄷ/	/ㄷ/	/ㄷ/
흔들었다	문질렀다	계획했다	흘렸다

TIP 끝소리는 약하게 내는 게 자연스러워요! 마지막 글자를 한 번 더 쓴 이유는 발음이 달라지는 걸 막기 위해서예요!

모음 2개 + r의 여러 소리

CHECK!

air & are
/에얼/

air과 are은 생김새는 조금 다르지만 소리는 같아요. e의 소리인 /에/ 뒤에 r의 소리를 가볍게 /얼/ 하고 이어 /에얼/ 하고 한 박자에 발음해요.

· 다음 단어들을 따라 읽어 보세요. 274

hair	chair	stair	care	share
/에얼/	/에얼/	/에얼/	/에얼/	/에얼/
머리카락	의자	계단	돌봄, 관심을 가지다	공유하다

CHECK!

eer & ear
/이얼/

eer과 ear도 생김새는 조금 다르지만 소리는 같아요. i의 소리인 /이/ 뒤에 r의 소리를 가볍게 /얼/ 하고 이어 /이얼/ 하고 한 박자에 발음해요.

· 다음 단어들을 따라 읽어 보세요. 275

deer	cheer	hear	tear	clear
/이얼/	/이얼/	/이얼/	/이얼/	/이얼/
사슴	응원하다, 환호하다	듣다	눈물	분명한

CHECK!

ear
/에얼/

ear은 위에서 배운 /이얼/ 소리 외에 또 하나의 소리가 있어요. air, are의 소리처럼 /에얼/ 하고 발음하기도 해요.

· 다음 단어들을 따라 읽어 보세요. 276

bear	pear	tear
/에얼/	/에얼/	/에얼/
곰	배	찢다

↳ tear는 발음에 따라 뜻이 달라지니 주의해요!

CHECK!

North, corn에서의 or의 소리 기억하죠? or 뒤에 e가 붙은 ore도, 그리고 중간에 u가 들어간 our도 or과 똑같이 발음해요. /오/ 뒤에 r의 소리를 가볍게 /얼/ 하고 이어 /오얼/ 하고 한 박자에 소리 내요.

· 다음 단어들을 따라 읽어 보세요. 277

more	score	store	four	pour	court
/오얼/	/오얼/	/오얼/	/오얼/	/오얼/	/오얼/
더 많은	점수	가게	4, 넷(의)	붓다	법정, (운동하는) 코트

CHECK!

our
/아우얼/

our은 위에서 배운 /오얼/ 소리 외에 또 하나의 소리가 있어요. ou의 소리 /아우/ 뒤에 r의 소리를 가볍게 /얼/ 하고 이어 /아우얼/ 하고 한 박자에 발음해요.

· 다음 단어들을 따라 읽어 보세요. 278

our	sour	flour
/아우얼/	/아우얼/	/아우얼/
우리의	신	밀가루

c와 g의 또 다른 소리

CHECK!

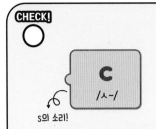

s의 소리!

cup, car, candy에서의 c의 소리는 k와 같은 /ㅋ/ 소리를 내지만 s와 같은 /ㅅ-/ 소리를 내는 경우도 기억해 두세요.

▶ c 뒤에 모음 a, o, u나 자음이 올 때는 k와 같은 /ㅋ/ 소리로 발음해요.

▶ c 뒤에 모음 e, i, y가 올 때는 s와 같은 /ㅅ-/ 소리로 발음해요.

· 다음 단어들을 따라 읽어 보세요. **279**

ice	mice	face	circus	cycle
/ㅅ/	/ㅅ/	/ㅅ/	/ㅅ-/	/ㅅ-/
얼음	쥐 여러 마리	얼굴	서커스	자전거

TIP 끝소리는 약하게 내는 게 자연스러워요!

CHECK!

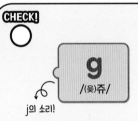

j의 소리!

gum, guitar에서의 g의 소리, /(으)그/ 기억하지요? g는 또 다른 소리도 갖고 있어요. 바로 j와 같은 /(읏)쥬/ 소리예요.

▶ g 뒤에 모음 a, o, u나 자음이 올 때는 /(으)그/ 소리로 발음해요.

▶ g 뒤에 모음 e, i, y가 올 때는 j와 같은 /(읏)쥬/ 소리로 발음해요.

· 다음 단어들을 따라 읽어 보세요. **280**

gel	age	stage	magic	energy
/(읏)쥬/	/쥬/	/쥬/	/쥬/	/쥬/
젤	나이	무대	마법	에너지

TIP 끝소리는 약하게 내는 게 자연스러워요!

복잡한 글자 덩어리

CHECK!

dge
/(읏)쥬/

j의 소리!

글자 덩어리 dge는 발음하기 어려운 소리가 날 것 같지만, 그냥 j와 같은 /(읏)쥬/ 소리가 나요! 꼭 덩어리 채로 기억해 두세요.

· 다음 단어들을 따라 읽어 보세요. 281

edge	dodge	wedge	fridge	bridge
/쥬/	/쥬/	/쥬/	/쥬/	/쥬/
가장자리	재빨리 움직이다	쐐기	냉장고	다리

T!P 끝소리는 약하게 내는 게 자연스러워요!

CHECK!

ture
/췰/

글자 덩어리 ture는 ch의 소리 /츄/와 er의 소리 /얼/을 이어 한 박자에 발음해요.

· 다음 단어들을 따라 읽어 보세요. 282

picture	capture	culture	mixture
/췰/	/췰/	/췰/	/췰/
그림, 사진	사로잡다	문화	혼합물

CHECK!

tion
/슈-ㄴ/

글자 덩어리 tion도 꽤 복잡하게 생겼지요? 하지만 소리 내는 법은 어렵지 않답니다. ship과 shop의 sh가 내는 /슈-/ 하는 소리를 기억하나요? tion은 sh의 소리 /슈-/ 뒤에 n의 소리 /은-/을 이어 한 박자에 발음하면 돼요.

· 다음 단어들을 따라 읽어 보세요. 283

action	fiction	section	direction
/슈-ㄴ/	/슈-ㄴ/	/슈-ㄴ/	/슈-ㄴ/
행동	소설, 만들어 낸 이야기	부분	방향

Answers

p.15
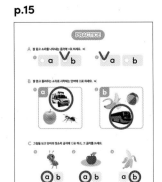

p.17
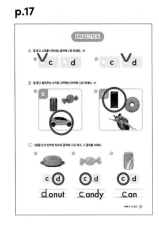

p.19

p.21

p.23
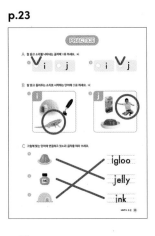

p.25
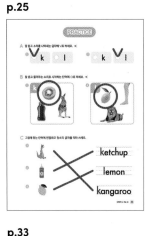

p.27
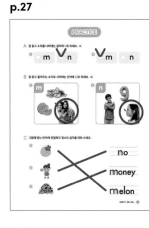

p.29

p.31

p.33

p.35

p.37
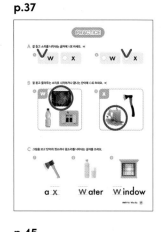

p.39
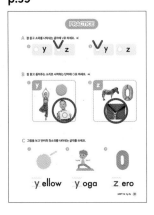

p.43

p.44
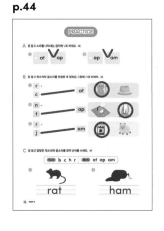

p.45

p.47

남자는 가방 안에 선풍기를 가지고 있어요.

선풍기에는 가격표가 달려 있어요.

나는 선풍기를 가져요(사요).

선풍기가 고장나요.

나는 슬퍼요.
나는 화가 나요!

p.48

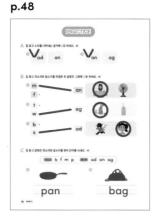

p.49

p.51

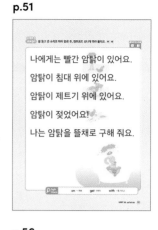

나에게는 빨간 암탉이 있어요.

암탉이 침대 위에 있어요.

암탉이 제트기 위에 있어요.

암탉이 젖었어요!

나는 암탉을 뜰채로 구해 줘요.

p.52

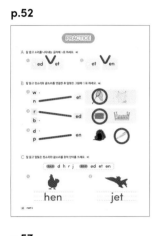

p.53

p.55

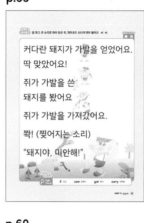

커다란 돼지가 가발을 얻었어요.

딱 맞았어요!

쥐가 가발을 쓴
돼지를 봤어요

쥐가 가발을 가져갔어요.

짝! (찢어지는 소리)

"돼지야, 미안해!"

p.56

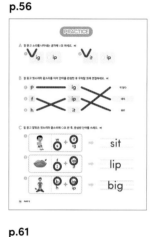

p.57

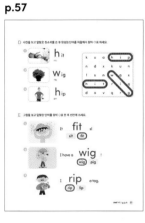

p.59

나는 아이예요.

나는 여섯 살이에요.

나는 핀을 가지고 있어요.

나는 핀으로 이 지느러미를 고칠 수 있어요.

나는 핀으로 이 뚜껑을 고칠 수 있어요.

나는 물건을 잘 고쳐요!

p.60

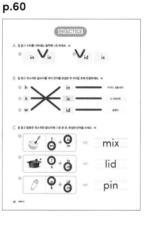

p.61

p.63

나는 내 개와 조깅을 해요.

그것이 내 일이에요.

우리는 통나무 위에서 깡총깡총 뛰어요.

우리는 꼭대기까지 깡총깡총 뛰어요.

나는 옥수숫대를 봐요.

"옥수숫대다!"

흑흑흑!

p.64

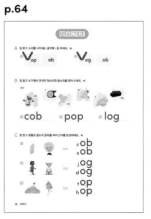

p.65

p.67

황소가 콩 꼬투리를 가졌어요.

그는 콩 꼬투리를 냄비에 넣었어요.

여우는 낚싯대에 걸린 대구를 가졌어요.

그는 대구를 냄비에 넣었어요.

냄비가 뜨거워요.

황소와 여우는 이 찌개가 좋아요.

p.68
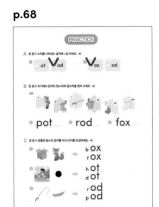

p.69

p.71
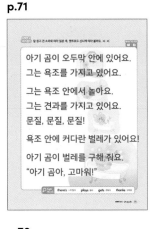

p.72
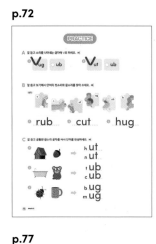

p.73

p.75
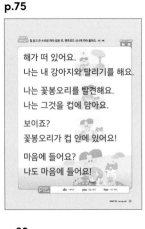

p.76
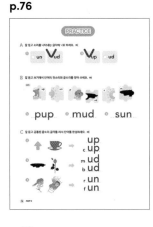

p.77

p.81

p.82
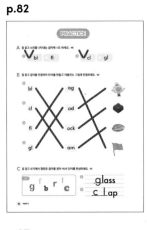

p.83
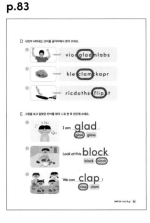

p.85
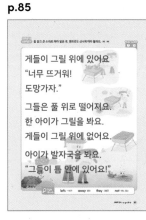

p.86
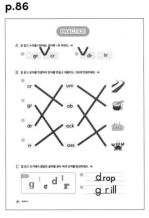

p.87
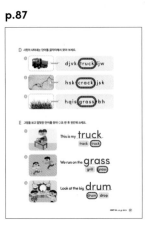

p.89

p.90
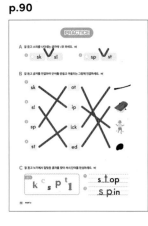

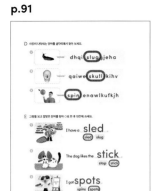

p.91

D 사진이 나타내는 단어를 골라이에 찾아 보세요.

- dhqi slug jjeha
- qaiwe skull kihv
- spin enawlkufkjh

E 그림을 보고 알맞은 단어를 찾아 ○ 한 후 빈칸에 쓰세요.

- I have a **sled**. (sled / slug)
- The dog likes the **stick**. (stop / stick)
- I got **spots**. (spins / spots)

p.93

가면을 쓰고 벨트를 한 남자가
우유를 사러 갔어요.

그가 트럭을 발견했어요.
"트럭이 너무 빨라요!"

남자가 트럭을 멈춰요.
"당신은 누구인가요?"
우리는 모두 물어요.
"당신은 최고예요!"

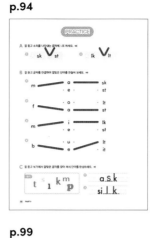

p.94

PRACTICE

A 잘 듣고 소리를 나타내는 글자에 √표 하세요.

- sk √st / lk √lt

B 잘 듣고 글자를 연결하여 알맞은 단어를 만들어 보세요.

- m · · a · · sk
- · e · · st
- f · · o · · lt
- · i · · lk
- b · · u · · it

C 잘 듣고 보기에서 알맞은 글자를 찾아 각각 단어를 완성하세요.

t i k m p

- a s k
- si l k

p.95

D 사진이 나타내는 단어를 골라 ○에 찾아 보세요.

- awefh fast dkuj
- fba melt sdurta
- awse ask hukjelf

E 그림을 보고 알맞은 단어를 찾아 ○ 한 후 빈칸에 쓰세요.

- I like **milk**. (milk / silk)
- Who likes this **mask**? (mask / ask)
- I went to get a **belt**. (melt / belt)

p.97

우리는 뗏목 위에 있어요.
"여기서 캠핑을 하자."

우리는 텐트를 쳐요.
"발을 쿵쿵 구르자!"

우리는 게를 발견해요.
"게 잡으러 가자!"

우리는 부드러운 모래 속에 손을 넣어요.
아, 정말 재미있다!

here   go   for   our   so

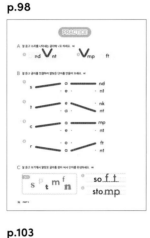

p.98

PRACTICE

A 잘 듣고 소리를 나타내는 글자에 √표 하세요.

- nd √nt / √mp ft

B 잘 듣고 글자를 연결하여 알맞은 단어를 만들어 보세요.

- s · · a · · nd
- · e · · nt
- t · · e · · nk
- · a · · mp
- c · · e · · nt
- r · · o · · ft
- · · nt

C 잘 듣고 보기에서 알맞은 글자를 찾아 각각 단어를 완성하세요.

s t m f n

- so f t
- sto m p

p.99

D 사진을 보고 알맞은 공자에 √표 하고 단어를 완성하세요.

- √mp nt — ca m p
- nt √nd — ha n d
- √ft mp — ra f t

E 그림을 보고 알맞은 단어를 찾아 ○ 한 후 빈칸에 쓰세요.

- A cat can **hunt** a rat. (hunt / stomp)
- This is our **raft**. (tent / raft)
- Let's have fun in the **sand**. (sand / hand)

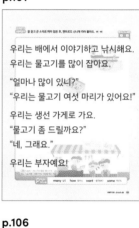

p.101

우리는 배에서 이야기하고 낚시해요.
우리는 물고기를 많이 잡아요.

"얼마나 많이 있니?"
"우리는 물고기 여섯 마리가 있어요!"

우리는 생선 가게로 가요.
"물고기 좀 드릴까요?"
"네, 그래요."
우리는 부자예요!

many   how   want   some

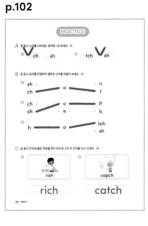

p.102

PRACTICE

A 잘 듣고 소리를 나타내는 글자에 √표 하세요.

- √ch sh / tch √sh

B 잘 듣고 글자를 연결하여 알맞은 단어를 만들어 보세요.

- sh · · n
- ch · · a · · t
- ch · · o · · p
- sh · · e
- h · · a · · tch
- · · sh

C 잘 듣고 단어의 틀린 부분을 찾아 바르게 고친 후 단어를 다시 쓰세요.

rish	capch
rich	**catch**

p.103

D 사진을 보고 알맞은 공자에 √표 하고 단어를 완성하세요.

- √sh ch — sh i p
- √ch sh — ch a t
- tsh √tch — w i tch

E 그림을 보고 알맞은 단어를 찾아 ○ 한 후 빈칸에 쓰세요.

- I want to **check** this. (check / chat)
- It is a big **shop**. (ship / shop)
- How many **fish**? (fish / witch)

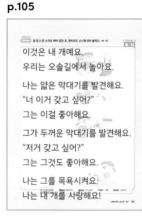

p.105

이것은 내 개예요.
우리는 오솔길에서 놀아요.

나는 얇은 막대기를 발견해요.
"너 이거 갖고 싶어?"
그는 이걸 좋아해요.

그가 두꺼운 막대기를 발견해요.
"저거 갖고 싶어?"
그는 그것도 좋아해요.

나는 그를 목욕시켜요.
나는 내 개를 사랑해요!

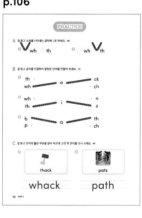

p.106

PRACTICE

A 잘 듣고 소리를 나타내는 글자에 √표 하세요.

- √wh th / wh √th

B 잘 듣고 글자를 연결하여 알맞은 단어를 만들어 보세요.

- th · · a · · ck
- wh · · ch
- wh · · i · · n
- th · · th
- b · · a · · ch
- p · · · ch

C 잘 듣고 단어의 틀린 부분을 찾아 바르게 고친 후 단어를 다시 쓰세요.

thack	pats
whack	**path**

p.107

D 사진을 보고 알맞은 공자에 √표 하고 단어를 완성하세요.

- √th wh — th a t
- th √wh — wh i p
- √th wh — th ick

E 그림을 보고 알맞은 단어를 찾아 ○ 한 후 빈칸에 쓰세요.

- I can **whack**. (whip / whack)
- Here is a **thin** stick. (thin / thick)
- We give him a **bath**. (path / bath)

p.109

이 왕은 기쁜 적이 한 번도 없어요.
날개가 달린 남자가 왔어요.
그에게는 노래하는 스컹크가 있어요.
"노래하렴, 스컹크야!" 남자가 말해요.
노래하는 스컹크가 왕을 기쁘게 해요.
"오, 고맙구나!"

never   comes   says   makes

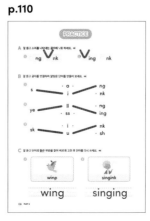

p.110

PRACTICE

A 잘 듣고 소리를 나타내는 글자에 √표 하세요.

- ng √nk / √ing nk

B 잘 듣고 글자를 연결하여 알맞은 단어를 만들어 보세요.

- s · · a · · ng
- · i · · nk
- ye · · ll · · ng
- ss · · ing
- sk · · i · · nk
- · u · · sh

C 잘 듣고 단어의 틀린 부분을 찾아 바르게 고친 후 그림과 단어를 다시 쓰세요.

winp	singink
wing	**singing**

p.111

D 사진을 보고 알맞은 공자에 √표 하고 단어를 완성하세요.

- ng √nk — pi n k
- √ng nk — si n g
- √ing ink — yell i n g

E 그림을 보고 알맞은 단어를 찾아 ○ 한 후 빈칸에 쓰세요.

- He is a **king**. (wing / king)
- **Thank** you for the jam. (Thank)
- It is **melting** sun. (melting / yelling)

p.115

"와서 나와 함께 놀자!"
"좋아!"
"너는 게임하고 싶어?
케이크 굽고 싶어?
스케이트 타고 싶어?"
"아니, 원하지 않아.
나는 동굴에서 뱀을 잡고 싶어!"

p.116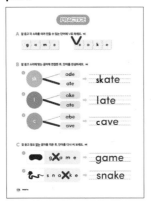

skate
late
cave
game
snake

p.117

cake
skate
plane

Let's play a **game**
Do you want this **plane**
Come to see me in the **cave**

p.119

"누가 자전거 탈래?"
"저요! 저요!"
"누가 미끄럼틀에서 놀래?"
"저요! 저요!"
"누가 자동차 여행 갈래?"
"저요! 저요!"
"그럼 나랑 하이킹 가는 건 어때?"
"윽, 전 아니에요(싫어요)!"

p.120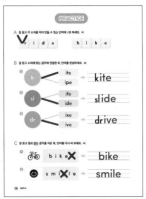

kite
slide
drive
bike
smile

p.121

hide
ride
slide

This is my new **bike**
I will not **drive**
That is a big **kite**

p.123

한 개가 커다란 뼈다귀를 발견해요.
"저 뼈다귀를 가졌으면!"
개에게는 밧줄이 있어요.
"저 뼈다귀를 집으로 가져갈 테야!"
그는 뼈다귀를 손에 넣어요.
"해냈다!"
개는 큰 뼈다귀가 무척 마음에 들어요.
"나는 내 뼈다귀가 정말 좋아!"

p.124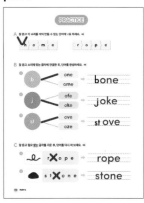

bone
joke
st ove
rope
stone

p.125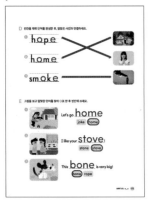

hope
home
smoke

Let's go **home**
I like your **stove**
This **bone** is very big!

p.127

이 작은 노새는 정말 착해요.
그녀는 절대 버릇없이 행동하지
않아요.
그녀는 자두를 먹는 것을
좋아해요.
그녀는 큐브를 가지고
노는 것을 좋아해요.
그녀는 플루트로 노래를
연주하는 것을 좋아해요.
우리는 이 귀여운 노새를 사랑해요!

p.128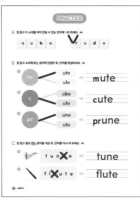

mute
cute
prune
tune
flute

p.129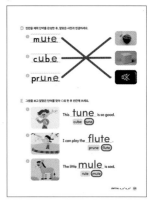

mute
cube
prune

This **tune** is so good.
I can play the **flute**
The little **mule** is sad.

p.133

비야, 비야, 저리 가.
다른 날에 다시 와.
달팽이들이 알을 낳고 싶어 해.
달팽이들이 꼬리로 그림을 그리고 싶어 해.
달팽이들은 비가 안 오기를 기도해.
그러니까 비야, 비야, 저리 가.

p.134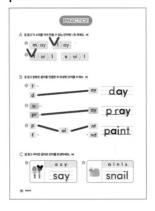

day
pray
paint
say
snail

p.135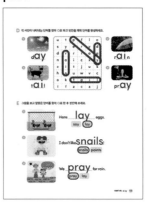

day
rain
pray

Here **lay** eggs.
I don't like **snails**
We **pray** for rain.

p.137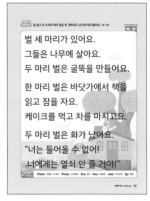

벌 세 마리가 있어요.
그들은 나무에 살아요.
두 마리 벌은 굴뚝을 만들어요.
한 마리 벌은 바닷가에서 책을
읽고 잠을 자요.
케이크를 먹고 차를 마시고요.
두 마리 벌은 화가 났어요.
"너는 들어올 수 없어!
너에게는 열쇠 안 줄 거야!"

p.138

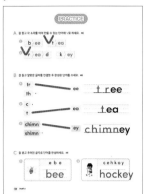

p.139

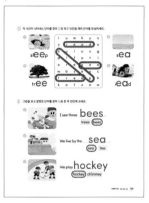

p.141

p.142

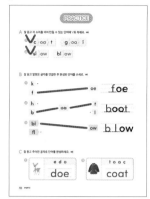

p.143

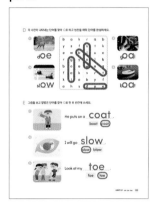

p.145

p.146

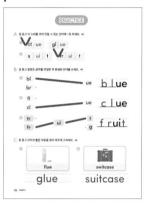

p.147

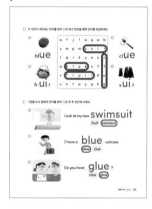

p.149

p.150

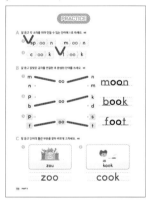

p.151

p.153

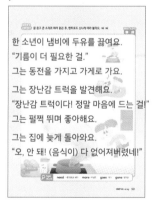

p.154

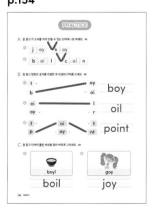

p.155

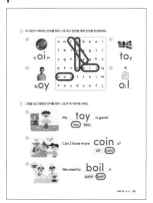

p.157

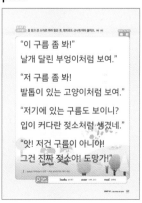

p.158

p.159

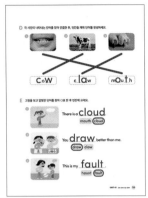

p.161

한 소년이 바다에서 길을 잃었어요.
날은 어둡고 폭풍이 몰아쳐요.

하지만 그는 똑똑한 상어와 함께예요.
상어는 어디로 가야 하는지 알아요.
상어는 그를 위해 북극성을 찾아요.

소년은 기뻐서 뿔피리를 불어요.
"이제 어디로 가야 할지 알겠어!
고마워, 상어야!"

p.162

p.163

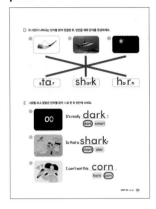

p.165

한 소녀가 나무 아래에서 새 한 마리를 봐요.
그것의 날개가 다쳤어요.
"내가 간호사에게 데려다 줄게."

소녀는 세 명의 축구 선수를 봐요.
한 선수가 다른 선수들보다 빨라요.
그가 넘어져서 다리를 다쳐요.
"내가 간호사에게 데려다 줄게."

소녀는 다른 사람을 돕는 것을 좋아해요.
그녀는 착한 여자 아이예요.

p.166

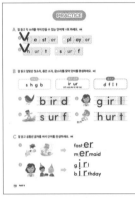

p.167

스스로 CHECK!

Part 1부터 Part 5까지 다양한 규칙을 배우고 읽기를 연습해 온 우리 친구들, 정말 칭찬해요! 이제 '파닉스 스쿨'의 졸업을 앞두고, 배운 내용을 잘 이해하고 기억하는지 스스로 점검해 보세요.

PART 1
알파벳 26 글자 소리 알기

- ☐ 영어 알파벳 26글자의 이름과 대·소문자 쌍을 알아요.
- ☐ 알파벳 글자를 보고 그 글자의 소리를 낼 수 있어요.
- ☐ 각 글자의 소리로 시작하는 단어들을 떠올릴 수 있어요.

PART 2
모음이 하나인 단어 읽기

- ☐ 단어 안의 모음을 찾아 바르게 소리 낼 수 있어요.
- ☐ '자음+모음+자음'의 소리를 연결해 단어를 읽을 수 있어요.
  - 예 ram, wet, six, pop, run
- ☐ 소리를 들으면 단어의 글자를 떠올릴 수 있어요.

PART 3
자음이 두 개인 단어 읽기

- ☐ 자음 두 개를 부드럽게 이어서 소리 낼 수 있어요.
- ☐ 자음 두 개가 하나의 새로운 소리를 낼 때 바르게 소리 낼 수 있어요. 예 ch, tch, sh
- ☐ 두 개의 자음이 있는 4글자에서 5글자 이상의 단어도 읽을 수 있어요.
  - 예 catch, thick, skunk, yelling

PART 4
모음의 새로운 소리 알기 (모음+☐+e)

- ☐ 단어 안에서 모음과 그 뒤에 있는 e를 찾을 수 있어요.
- ☐ 모음 뒤에 e가 올 때 달라지는 모음의 소리를 낼 수 있어요.
  - 예 cake, bike, bone
- ☐ 모음 u 뒤에 e가 올 때 u의 두 가지 소리를 바르게 낼 수 있어요.
  - 예 cube, prune

PART 5
모음이 두 개인 단어 & 모음과 r이 만난 단어 읽기

- ☐ 단어 안에 모음 두 개가 나란히 올 때 달라지는 모음의 소리를 낼 수 있어요.
- ☐ '모음+r'이 만드는 글자 덩어리를 바르게 읽을 수 있어요.
  - 예 star, corn, girl, hurt
- ☐ 두 박자 이상의 긴 단어도 작은 부분으로 나누어 읽을 수 있어요.
  - 예 suitcase, mermaid

상 장

파닉스 최우수상

초등학교 　　학년 　　반

이름

위 어린이는 니콜쌤의 파닉스 스쿨을 성실하게 공부하여
자신있게 영어를 소리 내 읽을 줄 알게 되었으므로
이 상장을 주어 칭찬합니다.

　　　　년 　　월 　　일

길벗스쿨

기적 영어 학습서

기본이 탄탄! 실전에서 척척!
유초등 필수 영어능력을 길러주는 코어 학습서

유아 영어

재미있는 액티비티가 가득한
3~7세를 위한 영어 워크북

4세 이상

5세 이상

6세 이상

6세 이상

파닉스 완성 프로그램

알파벳 음가 ➜ 사이트워드
➜ 읽기 연습까지!
리딩을 위한 탄탄한 기초 만들기

6세 이상 전 3권

1~3학년

1~3학년 전 3권

영어 단어

영어 실력의 가장 큰 바탕은 어휘력!
교과과정 필수 어휘 익히기

1~3학년 전 2권

3학년 이상 전 2권

영어 리딩

패턴 문장 리딩으로 시작해
정확한 해석을 위한 끊어읽기까지!
탄탄한 독해 실력 쌓기

2~3학년 전 3권

3~4학년 전 3권

4~5학년 전 2권

5~6학년 전 2권

영어 라이팅

저학년은 패턴 영작으로,
고학년은 5형식 문장 만들기 연습으로
튼튼한 영작 실력 완성

2학년 이상 전 4권

4학년 이상 전 5권

5학년 이상 전 2권

6학년 이상

영어일기

한 줄 쓰기부터 생활일기,
주제일기까지!
영어 글쓰기 실력을 키우는 시리즈

3학년 이상

4~5학년

5~6학년

영문법

중학 영어 대비, 영어 구사
정확성을 키워주는 영문법 학습

4~5학년 전 2권

5~6학년 전 3권

6학년 이상

초등 필수 영어 무작정 따라하기

초등 시기에 놓쳐서는 안 될 필수 학습은 바로 영어 교과서!
영어 교과서 5종의 핵심 내용을 쏙쏙 뽑아 한 권으로 압축 정리했습니다.
초등 과정의 필수학습으로 기초를 다져서 중학교 및 상위 학습의 단단한 토대가 되게 합니다.

1~2학년	2~3학년	2~3학년	3학년 이상	4학년 이상

미국교과서 리딩

문제의 차이가 영어 실력의 차이! 논픽션 리딩에 강해지는 《미국교과서 READING》
논픽션 리딩에 가장 좋은 재료인 미국 교과과정의 주제를 담은 지문을 읽고, 독해력과
문제 해결력을 두루 향상시킬 수 있도록 구성한 단계별 리딩 프로그램

LEVEL 1	LEVEL 2	LEVEL 3	LEVEL 4	LEVEL 5
준비 단계	시작 단계	정독 연습 단계	독해 정확성 향상 단계	독해 통합심화 단계